国家自然科学基金面上项目：基于风险行为视角的高管晋升激励对企业研发投入的影响研究（71472151）
中国博士后基金面上项目：高管晋升激励、风险偏好与企业创新（2014M552472）

经济管理学术文库·经济类

终极控股股东与高管股权激励冲突对研发投资的影响研究

The Impact of Disagreement between Exetreme Controlling Shareholder and TMT Ownership Incentive on R&D Investment

康 华／著

图书在版编目（CIP）数据

终极控股股东与高管股权激励冲突对研发投资的影响研究/康华著. —北京：经济管理出版社，2018.7
ISBN 978-7-5096-5862-8

Ⅰ.①终… Ⅱ.①康… Ⅲ.①企业—技术开发—投资—研究 Ⅳ.①F273.1

中国版本图书馆 CIP 数据核字（2018）第 142141 号

组稿编辑：杨国强
责任编辑：杨国强 张瑞军
责任印制：黄章平
责任校对：王淑卿

出版发行：经济管理出版社
（北京市海淀区北蜂窝 8 号中雅大厦 A 座 11 层 100038）
网 址：www. E-mp. com. cn
电 话：（010）51915602
印 刷：三河市延风印装有限公司
经 销：新华书店
开 本：720mm×1000mm/16
印 张：12.25
字 数：202 千字
版 次：2018 年 8 月第 1 版 2018 年 8 月第 1 次印刷
书 号：ISBN 978-7-5096-5862-8
定 价：68.00 元

前 言

股东与管理层之间的代理问题是公司治理研究的核心问题。一般而言，高管激励可以有效地缓解这一问题，但很少有研究关注高管激励可能引起的负面效应，所以现有研究并没有完整地、全面地分析高管激励这一措施的效果和影响。

本书从高管激励的视角出发，以控制权理论、激励理论和研发投资决策理论的相关文献为基础，按照理论模型分析、研究假设提出、实证数据检验的思路，对高管激励可能引起的控股股东与高管之间的利益冲突以及这一冲突对研发投资的影响进行了研究，从而揭示出高管激励这一措施的两面性及其对公司研发投资决策的影响。本书研究取得的主要创新之处在于：

第一，构建了控股股东与高管激励的冲突模型。博弈模型分析的结果显示，高管激励在解决股东和管理层之间第Ⅰ类代理问题的同时，往往会造成高管与控股股东之间产生利益冲突，而且随着高管激励程度的增加，高管与控股股东之间发生利益冲突的可能性也会逐渐增加。即使放松相关假设后，这一冲突仍会发生，因此高管与控股股东之间的冲突具有客观性和必然性。这一结论表明，高管激励也存在一定的负面效应，而且如果是股权激励的话，高管激励可以将第Ⅰ类代理问题转化为第Ⅱ类代理问题。

第二，实证检验了股权激励引起的控股股东与高管的利益冲突的客观性及这一冲突对研发投资的影响。本书采用 2005~2008 年我国上市公司的数据，对高管股权激励引起的终极控股股东与高管之间利益冲突的客观性以及这一利益冲突对研发投资的影响进行了实证分析，结果显示：控股股东的终极所有权、终极控制权与研发投资显著负相关，而同时董事会、董事长、管理团队的股权激励与研发投资显著正相关。由此我们可以发现，在研发投资上，高管与控股股东存在着十分明显的利益分歧和冲突，而且研究发现，终极所有权、终极控制权会调节高管（董事会、董事长、管理团队）激励对研发投资的激励作用，即终极控股股东与高管（董事会、董事长、管理团队）的利益冲突会对研发投资产生显著影响。

第三，实证研究还发现，股权激励引起的控股股东与总经理之间的冲突对研发投资没有显著影响。实证结果显示：总经理股权激励与研发投资显著正相关，控股股东的终极控制权、终极所有权与研发投资显著负相关。由此我们发现：在研发投资上，总经理与控股股东之间存在着明显的利益分歧和冲突。但进一步研究发现：终极控制权、终极所有权并不能显著调节总经理股权激励对研发投资的激励作用，即终极控股股东与总经理之间的利益冲突并不能显著影响研发投资，总经理股权激励具有独立性。这一结果为我国上市公司的现代企业制度和公司治理的改进提供了经验证据。

综上所述，高管激励在解决第Ⅰ类代理问题的时候，也会造成控股股东与高管之间的利益分歧或利益冲突，由于控股股东和高管对企业经营都具有重要的影响，因此高管激励引发的这一利益冲突会对企业研发投资产生重要影响。特别是高管股权激励能够将股东与高管之间的第Ⅰ类代理问题转变成为大股东与小股东之间第Ⅱ类代理问题，于是构建起两类代理问题相互转化的理论分析框架，从而能够更加真实、客观地揭示出我国公司治理的特点。所以，本书的研究有助于我们正确认识高管激励的作用和效果，有助于我们更加合理、科学地设计高管激励措施，降低企业内部的代理成本，促进企业治理机制的完善和内部治理效率的提升。

目　录

第一章 绪 论

我国企业研发投入水平较低、自主创新能力较差是一个十分普遍的现象，虽然政府陆续出台了多项政策和措施，但并未从根本上改变这一现象。现有研究认为，研发投资的一些结果会引起股东和管理层的利益分歧，形成十分明显的PA代理问题。为了缓解这一代理问题，股东往往采取各种激励措施来协调和统一委托人及代理人的利益诉求。不过，最新的研究发现，高管激励在缓解PA代理问题的同时，往往会造成新的PP代理问题，所以本书从高管激励产生的新的代理问题角度出发，分析和研究高管激励可能引起的新的利益冲突及影响，而研究这一问题的主要现实和理论背景如下所述。

第一节 现实背景

一、较低的研发投入水平

经过40年的改革开放，我国经济得到了长足的发展，经济总量仅次于美国，已经跃居世界第二。同时，我国也成为世界制造业大国，主要工业产品都跃居世界第一。随着宏观经济的持续增长和经济规模的不断提升，我国政府逐渐意识到经济增长方式转变的必要性和紧迫性。为此，2006 年，时任国家主席胡锦涛在全国科技大会上宣布中国未来 15 年科技发展的目标：2020 年建成创新型国家，使科技发展成为经济社会发展的有力支撑。中国科技创新的基本指标是，到 2020 年，经济增长的科技进步贡献率要从 39%提高到 60%以上，全社会的研发投入占 GDP 比重要从 1.35%提高到 2.5%。2007 年，党的十七大报告明确指出："提高自主创新能力，建设创新型国家。这是国家发展战略的核心，是提高综合国力的关键。"在国家政策的引导下，我国全社会的研发投入水平不断上升。据科技部的统计数据显示，我国 R&D 经费投入强度（R&D 经费与国内生产总值 GDP 之比）从 2004 年的 1.23%提高到 2016 年的 2.11%，R&D 经费规模也增加到 1.5 万亿元。尽管我国与日本（3.49%）、德国（2.94%）、美国（2.81%）R&D 经费投入强度相比仍有较大的差距，但已经超过欧盟 28 国平均 1.92%的投入强度，达到中等发达国家 R&D 经费投入强度水平。

但与此同时，国民经济 40 年持续、稳定的高速发展造成我国企业注重"量"的发展，而忽视了"质"的提升。在技术创新方面则主要表现为善于模仿而少于创新，我国企业的研发能力和自主创新能力严重滞后于经济发展对技术创新的要求。特别是在 2007 年金融危机之后，我国企业自主创新能力滞后的软肋暴露无遗。《第二次全国科学研究与试验发展（R&D）资源清查主要数据公报》披露：2009 年全国规模以上企业开展科技研发活动的仅占 25%，全国规模以上企业研究开发支出占企业销售收入的比重仅为 0.69%，其中大中型企业为 0.76%，高新技术

企业平均为 2%；只有万分之三的企业拥有自主知识产权（见图 1-1）。这说明，整体上我国设有研发机构的企业少，研发投入强度低，创新能力明显不足。同时，我国对外技术依存度仍然高达 50%以上，拥有自主知识产权核心技术的企业仅占 0.3‰，90%以上企业未申请专利。针对我国企业自主创新能力滞后的现状，我国政府曾多次出台相关政策和措施。但是，在国家政策支持和投入不断加大的背景下，我国企业的自主创新和研发活动并没有得到显著的改善，这可能是因为研发活动本身的特点和我国企业发展现状双重因素造成的。

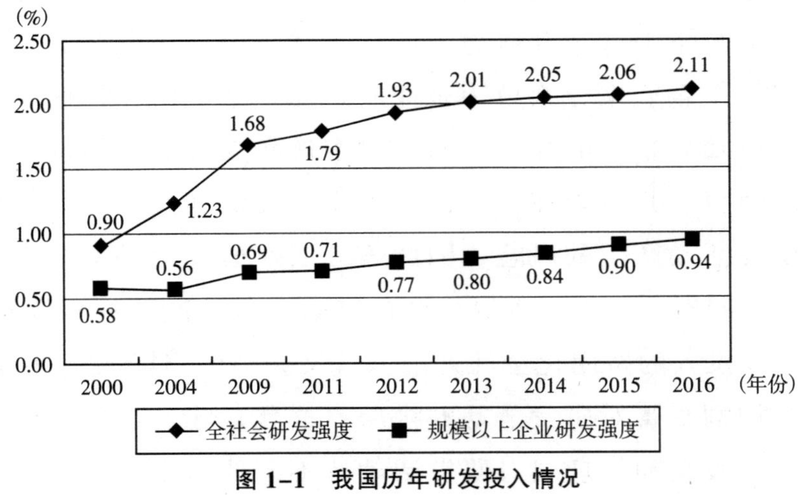

图 1-1 我国历年研发投入情况

与其他经营活动相比，研发活动具有以下几个方面的特点：

（1）风险高。研发活动往往是在某一专业领域从事最新、最前沿的探索和研究，是对现有技术、工艺等的突破，而这种创新和突破往往蕴含着巨大的不确定性，这种不确定性就意味着企业研发活动失败的可能性很大，由此导致企业面临较高的风险。

（2）周期长，投入大。由于研发活动是对现有技术、工艺的改变和突破，因此需要进行长时间的、持续的投入才有可能实现这一目的，而随着周期的拉长，研发活动的投入必然增加，由此导致研发活动的投入规模较大，时间较长。

（3）研发投入费用化影响当期业绩。按照目前的会计政策，企业可以根据研发投入的情况自行决定费用化和资本化。多数情况下，企业都会将当期的研发投入进行费用化会计处理，这一会计处理方式会直接影响到当期会计盈利水平。

当然，由于研发活动风险高，成功率小，周期长，投入大，因此成功的研发活动也会给企业带来巨大的收益，能够显著提高企业的竞争力和盈利能力。所以，对于股东而言，其可以通过投资多个企业来分散单一企业研发活动的风险，同时享受研发活动成功后带来的收益，所以股东比较支持研发活动。而对管理层而言，其只能在一个企业工作，无法通过多元化投资来分散研发活动产生的风险，因此管理层对研发活动的积极性相对较低。同时，研发活动易失败的特点会危及高管的职位安全，而且研发投入的费用化会计处理方式又会降低当期的会计盈余，这都会加剧高管对研发活动的排斥。这就意味着，研发活动的特点导致股东和管理层对研发活动持不同的态度及观点，从而可能造成一定的分歧和冲突，而这一潜在的分歧和冲突必然会对企业的研发活动产生实际影响。

二、股权激励引发的新代理问题

一般而言，企业的内部因素是影响企业自主创新和研发投资的主要因素，而在所有的影响因素中，负责决定和执行企业研发投资的股东及管理层就显得尤为重要和关键。如前文所述，

研发活动会给股东和管理层带来不同的收益及风险，而管理层出于自身利益和风险的考量，往往会减少研发支出，而这样的“短期行为”会影响到企业的竞争力和价值。为了缓解这一问题，企业往往采用股权报酬这一措施来激励管理层，将管理层的利益与股东的利益结合在一起，引导其按照股东的利益诉求作出经营、管理决策。由于管理层持有股权，出于自身的长期收益，管理层在经营决策时会考虑到企业未来的成长性、竞争力和企业价值，并由此实现自身的经济回报，所以股权激励能够很好地协调研发活动造成的股东和管理层的分歧，促进管理层支持研发支出这种长期投资。但同时，随着股权激励等相关激励措施的实施，管理层因为持有的股权而逐渐转变成为中小股东的一员，于是传统的PA代理问题也会因为股权激励而逐渐转变成为PP代理问题，也就是说，股东之间的利益冲突必然会发生在控股股东和管理层之间。

目前，我国上市公司的股权集中度水平较高，远高于国外市场的平均水平，大股东控制现象十分普遍[1-2]。即使是在完成股权分置改革之后，我国上市公司股权结构较为集中的局面也没有得到根本改变。据德勤《2010年中国上市公司治理调查报告》显示，24%的被调查公司认为本公司存在一股独大，股权高度集中，控股股东占统治地位的现象，83%的被调查公司第一大股东的份额大于第二大股东和第三大股东的合计。除了直接持股以外，我国很多上市公司的控制人还通过交叉持股等方式控制上市公司。较高的股权集中度往往意味着控制权与现金流权的分离，导致控股股东与中小股东利益不一致的现象，而且这一代理问题成为像我国这样的新兴市场中企业的主要代理问题。企业的终极控股股东通过交叉持股、控制董事会等多种形式拥有超过其所有权（现金流权）的控制权，而且随着两权分离度的加大，终极控股股东掠夺中小股东的可能性加大，最终终极控股股东往往会利用手中的控制权为自身谋取利益，于是上市公司成为利益攫取的目标，这样中小股东的利益也必然受到损害。类似的“掏空”行为在我国资本市场曾经十分常见，为此中国证监会 2003~2005 年先后发布多项政策和文件规范及整顿关联交易、资金占用这类的“掏空”行为。由于终极控股股东普遍存在的现象没有改变，“掏空”的动机并不会发生任何变化，因此终极控股股东鉴于政策和市场的压力会采取新的掠夺方式及手段。加之，终极控制权的长期性和稳定性，使这种自利动机和“掏空”行为也具有长期性及广泛性。

由于股权激励导致管理层逐渐转变成为中小股东的一分子，而两权分离导致控股股东和中小股东产生实质的利益分歧，并且控股股东利用手中的控制权会掠夺中小股东的利益，由此会直接造成控股股东和管理层的利益冲突。作为企业主要的决策者和经营管理者，控股股东和管理层之间的利益冲突必然会对企业主要的经营决策活动产生影响，特别是像研发投资这样收益不确定、周期长、投入大的活动，更会受到控股股东与管理层之间的利益冲突和分歧的影响。

三、有争议的薪酬激励和薪酬差距

为了提高企业管理层的工作积极性，我国普遍开展了企业管理层的薪酬改革，由此也拉开了我国企业高管涨薪的序幕。据有关数据显示，与原来计划体制下相比，高管与员工的薪酬差距明显拉大：原来差距在 1~5 倍之内的企业占比从 74.99%下降到 52.39%，而差距在 8 倍以上的占比由原来的不到 10%增长

到 24.53%。其中最为引人注目的是国有控股企业，高管与员工薪酬差距幅度更大，2002 年高管与员工薪酬差距为 12 倍，为此 2008 年财政部和 2009 年人力资源和社会保障部等国家相关部门分别出台了《国有企业负责人薪酬管理办法》《关于进一步规范中央企业负责人薪酬管理的指导意见》，规定了高管薪酬的范围，但实际情况却是，高管薪酬犹如脱缰野马不受控制，收入差距不但没有缩小反而不断扩大。据 2010 年全国总工会的收入专项调查显示，国企高管与一线职工收入相差 18 倍，其中两成的员工三年之内没有涨薪。从图 1-2 可以发现，我国上市公司的内部薪酬水平在过去 10 年也有了大幅的提升，所以我国企业内部薪酬差距不断拉大是一个十分普遍的现象。

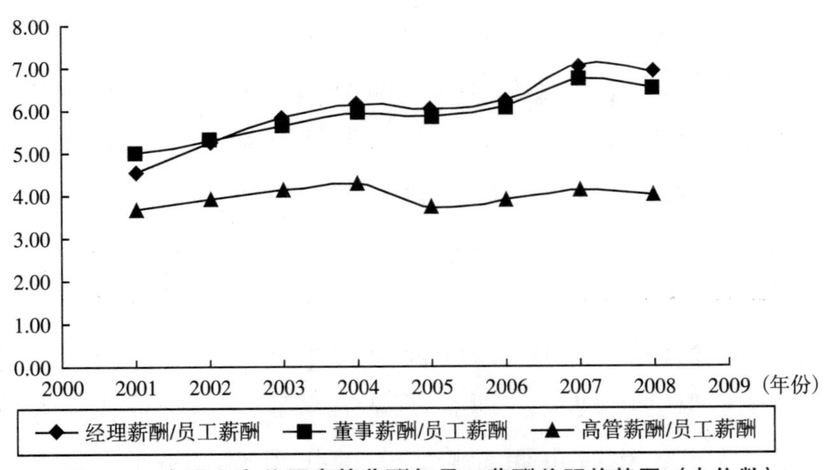

图 1-2 中国上市公司高管薪酬与员工薪酬差距趋势图（中位数）

企业内薪酬差距不断扩大的主要原因是高管薪酬保持了较快的增长。安永《2011 年中国内地及香港地区高管薪酬调研报告》显示，内地 A 股公司首席执行官（CEO）总体现金薪酬的中位值在 2009 年全球金融危机的环境下增加了 5%，2010 年的增长率则上升至12%。更有甚者，高管薪酬已经成为侵蚀企业利润的主要成分。据德勤的统计，2010年主板上市公司的高管薪酬占公司净利润的0.47%，而创业板则高达3.55%。不断上涨的高管薪酬和增大的薪酬差距引起了社会及舆论的非议，而且理论研究也存在较大的分歧。德勤的《2010~2011年中国A股上市公司高管薪酬调研报告》显示，A股公司高管薪酬增长与营业收入增长并未实现同步，存在着较大的差异，高管薪酬的增长率高于公司营业收入的增长率。Wind的《2010年上市公司分红与高管薪酬专题报告》显示，业绩与薪酬之间的关联度不高。不过也有研究支持高管薪酬激励，认为高管薪酬及薪酬差距与业绩存在比较显著的关系[3-4]。

在现实争论和理论分歧并存的背景下，高管激励及薪酬差距这一现象也必然被控股股东所认识和了解，这是因为：企业内薪酬差距往往产生一系列的负面效应，如降低协作程度、团队稳定性、员工满意度等，所有这些负面影响都会影响到企业的经营绩效和经营成果。出于自身利益的考虑，股东希望通过股权激励来激励管理层实现企业价值最大化，同时也希望避免薪酬差距造成的负面影响，特别是薪酬差距造成的管理团队的变动和合作意愿的降低，因此控股股东会重视和关注股权激励以及薪酬差距这一现象。现有研究结果显示，企业内薪酬差距既有激励效果，也有负面影响，关键在于如何科学合理地在适当的环境和条件下配置企业内的薪酬差距。这就意味着，作为企业主要的控制者，控股股东可以通过设计、安排企业内的薪酬差距水平实现自身的既定目的：控股股东既可以通过增大企业内薪酬差距，来收买或贿赂部分高管，从而实现自身的控制权私人收益；也可以合理配置企业内部的薪酬差距水平，从而

激励高管团队及员工从事研发活动、实现自主创新战略，并最终提升企业价值和自身收益。当然，对于企业管理层而言，同样存在双重选择：既可以和控股股东合作，获得不合理的高额报酬（即不合理薪酬差距），帮助控股股东实现其控制权私人收益；也可以通过努力，提升企业绩效并最终获得相应的报酬和薪酬差距。综上所述，我们发现，除了股权激励可能引起利益冲突外，控股股东和管理层在薪酬差距方面也会形成潜在的利益冲突，而这一冲突必然会影响到企业经营决策，特别是研发投资。

必须指出的是，随着我国市场经济的建立和相关机制的完善，高管激励和薪酬差距这一现象的存在具有一定的必然性，这也是市场经济竞争的结果。但任何社会都必须同时面对效率和公平问题，特别是当企业高管通过自身的职权而非努力获得不同寻常的高薪待遇时，这时社会公平问题显得日益突出。因此，如何合理客观地评价高管激励和薪酬差距，正确看待高管激励和薪酬差距的形成和影响是我国经济改革深入的重要环节，也是社会和谐稳定的重要方面。只有通过科学合理地评估和研究高管薪酬激励和薪酬差距的成因和影响，才能正确合理地评判这一社会现象。

第二节 理论背景

近年来，公司治理及其相关领域的研究都有不同的进展，这些理论研究的完善和发展为本书研究奠定了必要的基础。与本书研究有关的主要理论进展和理论基础包括以下几个方面。

一、代理理论的最新发展

委托代理理论是现代公司治理的重要基础和支柱。随着对公司治理实践认识的不断深入和发展，委托代理理论的内容不断更新和完善，企业主要的代理问题也从股权分散假设引出的股东—管理者之间的代理问题逐渐转变为股权高度集中引出的股东—股东之间的代理问题。而且随着终极控制权理论的发展和这一社会现象在世界主要国家的普遍存在，股东与股东之间的代理问题将逐渐改变以往有关公司治理的研究观点和经典认识。

目前，国内外学者将股东与管理层之间的代理问题称为第Ⅰ类代理问题；而股东之间的代理问题称为第Ⅱ类代理问题。经过多年对第Ⅰ类代理问题的深入研究，我们对委托人与代理人之间的众多问题有了比较全面和深刻的认识，而有关股东之间的代理问题的认识则相对有比较有限。通过对股东之间代理问题的挖掘和分析，我们可以更好地理解和认识企业行为并预判其行为所造成的可能影响，特别是可以更好地认识和理解我国资本市场的众多“乱象”。

自 2007 年以来，随着对第Ⅰ类代理问题和第Ⅱ类代理问题的研究深入，部分学者开始关注第Ⅰ类代理问题和第Ⅱ类代理问题并存时的问题。也就是说，随着对第Ⅰ类代理问题和第Ⅱ类代理问题的剖析和暴露，人们逐渐认识到企业中存在着大股东、小股东和管理层的三方博弈。在这三者中，任何一方都可以联合另一方对抗第三方，即使是小股东这样的弱势群体，也可以通过联合管理层，加之监管政策等外部市场的力量来抗衡

控股股东。由此我们可以发现，企业内部各方的博弈和角力远比只有第Ⅰ类代理问题或第Ⅱ类代理问题所描述的复杂，第Ⅰ类代理问题和第Ⅱ类代理问题只是描述了企业中现实矛盾或者争议的一个侧面而非全部。因此，研究和探讨第Ⅰ类代理问题和第Ⅱ类代理问题并存时的诸多问题，才能更加全面地分析和认识企业内部各方的博弈过程和权力配置以及这一结果对企业经营决策或绩效的影响。从目前现有的研究文献看，国外相关研究均从理论模型分析出发，研究的主要内容和关注点是：哪些情况下大股东、小股东和管理层会出现利益冲突现象，而且这一冲突可能对企业融资政策、投资政策的影响，少有实证研究对这一冲突的客观性、存在性及其影响进行证实。

从现有的理论分析结果看，当经营环境和企业自身条件有所变化的时候，大股东、小股东和管理层之间往往存在着比较明显的利益冲突和矛盾，这时“合谋”和“冲突”等策略成为各方的备选，上述三种主要利益主体如何合作、共谋或者对抗成为一个十分重要的问题，上述三方的不同抉择和行动都会直接影响到企业的经营决策，从而影响到企业的生产效率和效益。作为市场经济的主要主体，企业效率的变化最终会影响到整个市场经济的效率和效果，进而影响到资源配置的结果和产出水平。因此，通过分析第Ⅰ类代理问题和第Ⅱ类代理问题并存情况下企业的内部决策及其影响，也就是研究和分析企业内部各利益主体之间的利益冲突以及这一利益冲突对企业经营决策的影响，是一个十分重要和现实的问题，对于完善委托代理理论、深化市场经济理论都具有十分重要的理论意义。

二、激励理论的最新进展

如前文所述，委托代理理论发现企业中普遍存在着股东与管理层的代理问题，也就是第Ⅰ类代理问题。委托代理理论认为，第Ⅰ类代理问题的出现主要是因为股东和管理层的利益不一致，因此股东往往采用各种激励措施协调管理层的利益诉求，从而减轻两者之间的利益不一致和代理成本，使得管理层能够更好地实现股东财富最大化这一目标。基于这一理论和观点，国内外企业采取了多种形式的激励措施，其中尤以各种各样的股权激励（股权、股票期权、限制性股票）最为普遍，于是高管激励问题也成为国内外相关研究的核心命题，不过现有国内外的研究更多地关注股权激励措施的内容和条款安排及其对公司决策的影响。

现有研究普遍认为，高管激励可以有效解决第Ⅰ类代理问题，即高管激励具有合理性和必要性。与之前的研究不同，少数研究关注到高管激励的负面问题，也就是说在解决第Ⅰ类代理问题之后引起的其他问题。最新的研究发现，高管激励可以协调股东和管理层的利益分歧，有效解决股东与管理层之间的第Ⅰ类代理问题，但同时激励会强化高管的私人收益，从而也会引发股东与高管之间新的利益冲突。这就意味着高管激励不仅可以解决存在的代理问题，而且还会制造新的代理问题，加之这一利益冲突发生在高管和股东之间，因此会对企业的生产经营产生十分重要的影响。于是，高管激励的负面效应这一问题是否存在？严重与否？会对企业的生产经营产生何种影响？所有这些问题都有待分析和探讨。

基于以上国内外研究的现状，本书尝试性地分析了高管激励的负面效应问题，特别是高管激励引发控股股东与高管利益冲突对研发投资的影响，从而更加合理、客观地认识企业高管激励的影响和效果。

三、研发活动决定因素的进展

如前文所述，我国企业的研发活动开展较少，研发投入水平相对较低，这受制于我国经济发展的现状和阶段。随着我国经济总量的逐步提升，经济结构的调整和经济质量的提高都意味着技术和知识密集型时代的到来，企业对科技创新和发明创造有了更加强烈的需要，企业研发投入和自主创新的动力不断增强。

而目前我国有关研发活动决定因素的相关研究略显不足，主要表现在以下几个方面：

（1）研究数量相对较少，国内有关研发活动（投资）决定因素的相关研究文献数量较少，特别是在国内重要管理学期刊上发表的研究文献数量较少。因此，就研究数量来说，国内研发活动影响因素的研究明显落后于国外，综观国外的研究，我们发现，研发投资决定因素的研究是战略研究的重要组成内容，研究数量和研究成果十分丰富，常见于各类学术期刊。

（2）研究内容比较有限，国内有关研发活动（投资）影响因素的研究仍主要集中在企业特征层面，如企业规模、负债水平、地理位置、盈利情况等方面，部分研究探讨和分析了高管团队特征或者 CEO 特征、公司治理机制（如股权集中度、股权性质、董事会特征）对研发投资的影响。总的来说，研究的内容比较有限，尚未深入地探析公司主要利益主体和相关重要决策者等对企业决策行为的影响。

（3）普遍性的、结论性的研究成果较少，虽然有不少研究探讨和分析了企业特征与研发投资的关系，但现有研究文献的研究结果存在十分明显的分歧和差异，甚至大相径庭；而有关高管特征、公司治理与研发投资关系的观点也是众说纷纭，莫衷一是，于是我国目前有关研发支出或创新行为决定因素的研究很少获得统一性、共识性的研究结果。

针对上述国内研究的不足，本书基于控制权理论，从终极控股股东与高管利益冲突的视角出发，探讨分析企业终极控股股东、高管团队等利益主体如何影响我国企业研发投资或创新行为，通过对第Ⅱ类代理问题的深入理解和分析，推进和完善了国内有关研发活动（投资）决定因素的研究，特别是立足于我国企业的现实背景和公司治理决策的现实情况，研究我国企业的终极控股股东的所有权、控制权及两权分离对企业研发活动或研发投资的影响，以及高管激励对企业研发投资的影响。在企业既存在终极控股股东，也存在高管激励措施时，两者之间将会如何相互作用和相互影响，并最终对企业研发活动或研发投资产生影响。通过研究和回答上述几个问题，我们可以清醒地认识到公司实际控制人和经营决策者如何影响和决定企业创新活动及行为。这一研究有助于完善国内有关研发活动（投资）的研究内容，推动我国有关研发投资（活动）决定因素的研究进展。

第三节 研究问题的提出

一、研究问题的提出

代理理论认为，随着所有权与经营权的分离，现代企业中最主要的问题是股东与管理层之间的代理问题，特别是对于股东而言，要想实现自身利益最大化，必须缓解股东和管理层这一核心代理问题。由此，国内外学者针对企业的这一核心问题进行分析和研究，探讨股东与管理层代理问题对企业经营决策以及企业绩效的影响，这也成为国内外公司治理研究领域的核心命题。通过多年的研究和努力，已经有很多建设性的结论和观点，并对股东和管理层之间的第Ⅰ类代理问题有了比较深入、细致的认识。

随着终极控股股东现象的发现和控制权理论的崛起，人们逐渐发现，在世界主要国家包括英美，高度集中的股权结构以及由此产生的终极控股股东会催生新的代理问题：大股东与中小股东之间的代理问题，并且终极控股股东有动机、有能力谋取控制权私人收益，通过行使手中的控制权而获得私利，最终会损害到公司利益和中小股东利益。而且研究发现，在股权集中度较高的地区，相关法律制度的保障功能也较差，实际控制人掠夺其他中小股东的现象十分普遍。因此，在股权集中度较高的背景下，股东之间的代理问题成为公司治理的核心命题。这样，终极所有权、控制权及两权分离对企业生产经营的影响成为国内外的学者关注的核心命题，通过几年的努力，有关这方面的研究取得了很多有益的认识。

如图 1–3 所示，现有的研究基本上可以分成两个方向：①股东与管理层的代理问题（Principal–Agent），也就是图中的第Ⅰ类代理问题；②控股股东与中小股东之间的代理问题（Principal–Principal），也就是图中的第Ⅱ代理问题。目前而言，上述两个方面研究关注的重点和出发点不完全相同，所以这两个方面的研究相互独立、各自发展，分别从各自的视角分析和解读公司治理实践。

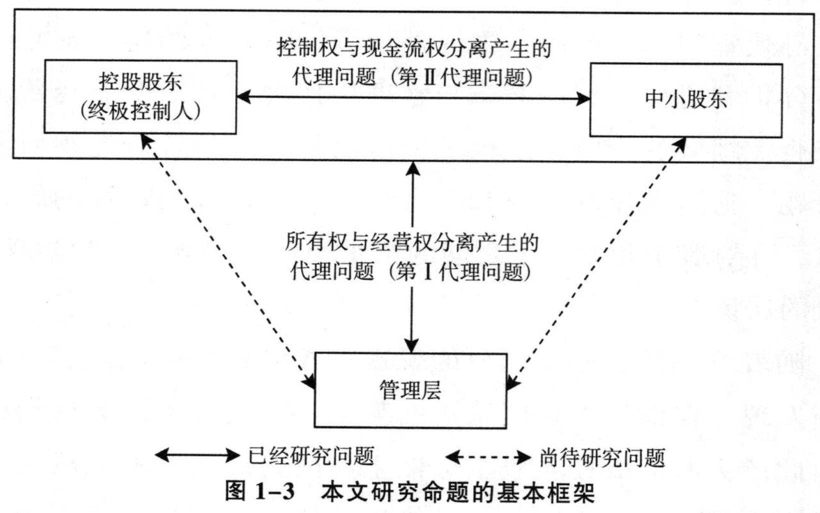

图 1–3 本文研究命题的基本框架

事实上，我们发现，现实中的企业往往是上述两种代理问题并存，并且根据环境、条件和决策的不同，上述两种代理问题的重要性和影响程度也会有所不同。前述的传统二分法研究往往是“盲人摸象”，只见局部而无法掌握全局，研究结果也与企业实践存在着一定的差距和不同。针对这一不足，不少学者开始尝试性地将两种代理问题纳入到一个研究框架中，分析和

研究两种代理问题并存时公司治理的相关问题，这样可以更加全面、有效地认识和了解公司内部治理机制及经营决策过程，更加科学、合理地总结和归纳企业经营实践中的客观规律。也就是说，企业的控股股东、中小股东和管理层这三者之间可以相互合作及博弈，通过“合作”和“冲突”的策略达到自己的目的、实现自己的利益，于是公司治理实际上是三方博弈的局面，而非以前简单的双方博弈问题。

如图 1-4 所示，在公司治理中，上述三方中的任何一方都可以与另一方合作而制约第三方，即使是管理层和中小股东也可以联合起来制约控股股东，特别是在相关法律制度和投资者保护较好的地区和国家，管理层与中小股东制约实际控制人的可能性会更大。随着利益主体的增加和分析背景的丰富化，原有的公司治理理论和观点有待重新验证，特别是三方博弈的引入，会出现不同于以往公司治理分析框架下的新问题，因此上述三方之间的相互合作与博弈，以及两两之间合作制衡第三方等问题都有待分析和研究。

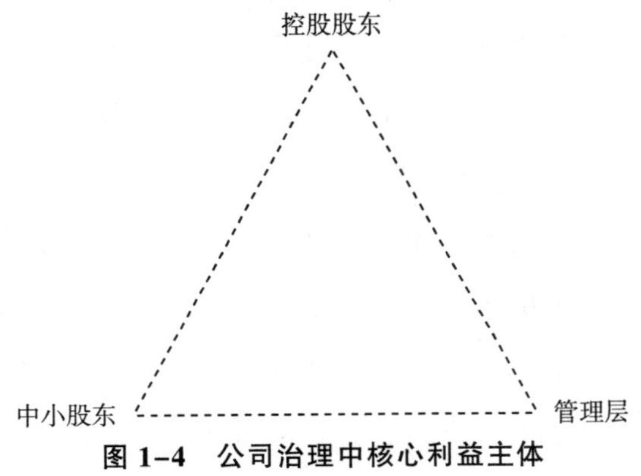

图 1-4 公司治理中核心利益主体

国外学者率先涉足这一问题的理论分析和相关研究，主要分析和研究的是股东与管理层之间的利益冲突的客观性、真实性及其影响。Abel 和 Mailath、Allen 和 Gale、Barberis 和 Thaler、Boot 和 Thakor、Boot 等、Dittmar 和 Thakor 以及 Van Den Steen 先后采用不同理论模型分析了不同情况下股东与高管之间的冲突问题[5-14]，研究发现：当高管受到相关激励后，股东与高管之间确实客观存在利益冲突，而且这一冲突会对企业的具体经营决策行为产生实际影响。而且研究还发现，随着高管激励程度的增加，股东与高管之间发生冲突的可能性不断提高，并最终影响到企业的实际经营决策以及业绩。

国外已有研究基本上都停留在理论模型的推演和分析阶段，只有很少学者从实证的角度验证上述理论分析的结果。Thakor 和 Whited 最新研究发现，基于盈利水平估计差异而引发的终极控股股东与高管团队的冲突会直接影响到企业的投资决策[17]。相对来说，我国企业中普遍存在终极控股股东和高管激励的现象，因此国内的实证研究也有发展。夏纪军和张晏研究发现，我国上市公司大股东控制权（第一大股东持股比例）与管理层股权激励（高管持股比例）之间存在显著的冲突，而且这种冲突会降低企业业绩[15]。李维安和李汉军的研究发现，第一大股东持股比例会影响到高管持股比例与公司业绩两者的关系[16]。上述研究表明，在两类代理问题并存的背景下，三方博弈确实存在，特别是控股股东与高管之间的冲突十分明显，而且由于控股股东手中的控制权和高管团队手中的经营权都十分重要，因此这两者之间的冲突问题对于企业经营决策和企业业绩具有非常重要的影响。

基于的理论和实证分析，本书沿袭“终极控股股东—中小

股东—高管团队”三方博弈的分析思路，从终极控股股东与高管团队冲突的视角出发，尝试分析和探讨终极控股股东与高管激励将分别如何影响企业的经营决策—研发投资，以及这两个主体之间的冲突如何影响企业的研发决策的。特别是，本书的落脚点为企业研发投资而非一般的企业业绩或企业价值，这样有助于我们了解公司治理机制的影响路径和传导机制。因此，本书的问题如下（见图 1–5）。

（1）终极控股股东会如何影响企业的研发投资，即终极控制权、现金流权及两权分离度会如何决定企业的研发投资？

（2）高管激励如何影响企业的研发投资，即股权激励、薪酬差距激励是否会影响企业的研发投资？

（3）在研发投资决策上终极控股股东与高管激励是否会形成利益冲突？

（4）终极控股股东与高管激励的冲突会如何影响研发投资？

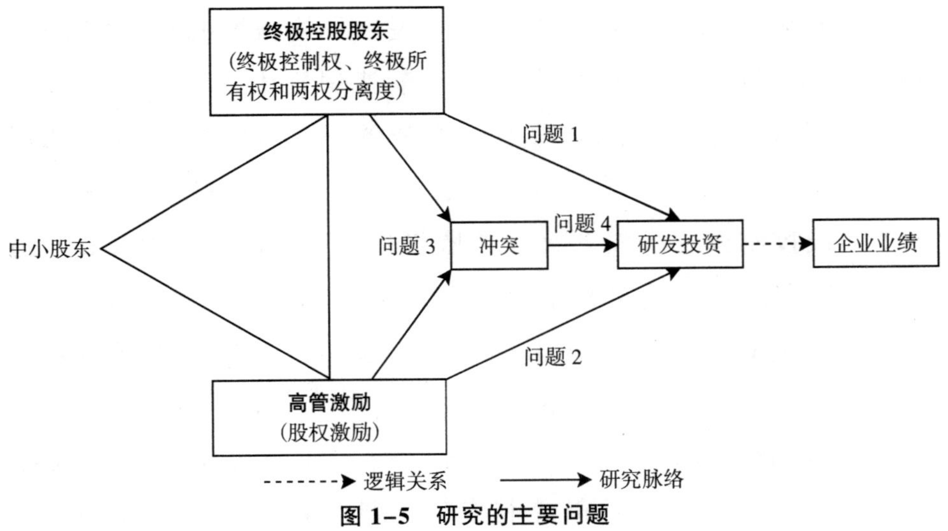

图 1–5　研究的主要问题

二、关键概念的界定

根据上述的研究内容和主要命题，本书中所涉及的主要概念和关键变量有以下几个：

（一）终极所有权与终极控制权

终极所有权是指终极控股股东通过股权链条实际掌握和控制的公司的股权比例。

根据现代产权制度，资产的所有权意味着一系列与资产相关的权利，如处置权及收益权等。在现代企业中，按照出资比例，不同出资人享受不同比例公司股权和相应的决策权，也就是公司的所有权和控制权。现代企业理论认为，同股同权，一股一权（One Share One Vote）。但随着企业经营方式和股权结构的复杂化，企业的控制权又进一步区分为直接控制权和终级控制权。

终极控制权也可以称为终极所有权，这一概念始自 La Port 等的研究[18]，La Port 等在 1999 年提出了终极所有权（Ultimate Ownership）这一概念，之后人们逐渐认识到由于金字塔、交叉持股、层级股票的采用和普及，企业的终极控股股东与公司股东名单中的大股东并不一致，由此 La Port 等（1999）进一步提出了终极控制权这一概念，按照股权链条（Ownership Chain）追溯企业终极的控制人和所有者。之后经过 Classens 等、Faccio 和 Lang 研究的推动，这一概念逐渐成为公司金融理论中最重要的概念，并被广为接受和应用[19-20]。

（二）超额控制权

在明确了企业的终极控制权后，研究者发现：企业的终极控股股东掌握的决策权往往与所有权（现金流权）并不相等。

也就是说，在很多企业集团中，并非一股一权（One Share One Vote），终极控股股东通过金字塔、交叉持股等多种方式往往以较少的现金流权掌握不成比例较多的控制权，由此人们发现，企业终极控股股东的所有权（现金流权）与控制权实际上是分离的，应用超额控制权（Excess Control Rights）这一概念来度量终极控股股东所有权（现金流权）与控制权的分离程度。

（三）高管激励

高管激励这一概念主要包括两个方面的内容：高管激励的主体范围和相关激励措施的具体内容。目前，国内外的相关研究在上述两个方面都存在着一定的差异。

从国内外现有研究看，“高管”这一概念的范围存在很大差异，有的研究中高管只包括总经理 CEO，也有包括整个经营管理团队 TMT，还有部分研究涉及董事会成员的。因此，在不同的研究中，高管的内涵千差万别，存在很大的差异。针对这一情况，结合我国企业的实际情况，本书中所涉及的高管主要包括：董事会和管理层团队的成员，而不包括监事会成员。

在实证研究中，我们将“高管”这一概念的范围定义为上市公司年报中披露的“董事、监事及高级管理人员的情况”的成员，但不包括监事会成员。

有关激励措施的内容，国内外研究也有所差别。这主要是因为国情不同，各国的激励措施和方法也不完全相同。西方主要国家的高管激励主要是股票期权、限制性股票等有关的研究，所以欧美研究的高管激励主要是上述激励措施的评价和效果。与之不同，虽然我国的上市公司也实施过股票期权的激励措施，但其占比相对较少，因此我国有关高管激励的主要研究内容是高管持股。承袭国内有关高管激励的研究方法，本书在研究高管激励时也主要是指上市公司年报中“董事、监事及高级管理人员的情况”所披露的各类高管所持有的股权水平。

除了股权水平外，本书进一步关注了薪酬差距形成的激励效果，因此本书的激励措施，除了股权水平外，还包括薪酬差距这一结构性激励措施。因此本书的高管激励就是上市公司年报中披露的“董事、监事及高级管理人员的情况”中董事会及管理团队成员的股权水平和薪酬差距的激励效果。

（四）研发投资

作为企业投资的重要组成部分，研发投资关系到企业的自主创新能力和未来的竞争能力，是一项重要的经营决策。但目前，我国主板市场的上市公司年报中并未强制要求披露相关研发投资的数据，因此这一数据是企业自主披露项目，但深圳中小板和创业板的上市公司则需要披露研发投资及专利技术的相关数据。不少上市公司在“管理层讨论”中披露研发支出，还有一些上市公司则在现金流量表附注中有所披露。

本书的研发投资是根据上市公司年报中“管理层讨论”和“现金流量表附注”中的相关数据收集整理而来，同时按照国内外研究惯例采用研发强度（研发支出/营业收入、研发支出/总资产）作为衡量企业研发投资水平的指标。

第四节 研究内容与论文框架

一、研究内容

本书从我国的现实情况出发，依托代理理论和控制权理论，采用理论分析与实证研究相结合的方法，对我国上市公司终极控股股东与高管团队之间的利益冲突问题进行分析和研究，并以研发投资为例，实证检验控股股东与高管团队之间利益冲突对企业经营决策的具体影响。具体的研究内容安排如下：

第一章从我国社会的现实情况出发，介绍了本书研究的现实背景和现实意义，之后根据国内外相关理论研究的最新情况，指出本书研究的理论价值和理论意义。基于现实背景和理论研究的不足，进一步确定了本书研究的主要内容和相关核心变量的概念，从而构建了本书的基本研究框架。

第二章主要是评述与本书研究有关的理论研究进展，分别介绍了控制权理论、高管激励、薪酬差距以及研发投资影响因素的最新研究进展，通过对已有的国内外研究文献的整理和评述，从而指出现有研究的空白和不足。针对现存的主要研究不足，确定本书的理论出发点和主要拟解决的问题，从而确定了本书研究的主要方向和潜在的理论贡献。

第三章根据我国企业面临的实际情况：控股股东与高管激励并存的局面，运用经济理论和数学工具构建了理论分析框架，通过相关推导和分析指出我国企业中控股股东与高管之间的冲突具有客观性和必然性，并且这种冲突可能对企业投资产生影响，并据此提出了本书研究的主要假设。

第四章介绍了本书的研究设计，主要包括研究样本的确定与相关筛选标准，以及研究中所涉及的主要概念的度量问题，在此基础上完成了理论模型的设定工作。

第五章则主要是采用实证分析方法，运用之前收集整理的相关数据，实证分析和检验相关理论假设的观点。其中，采用终极控制权、终极所有权和超额控制权分析终极控股股东对研发投资的影响，而高管激励也细分为董事会、董事长、管理层和总经理四类主体的股权激励，分析了各类激励措施与研发投资的关系。在此基础上，本书分析了终极控股股东对高管激励与研发投资关系的调节效应。实证分析的结果进一步证实了我国企业中存在着显著的控制权与激励冲突的现象。同时，为了保证结果的可靠性，我们采用替代变量对之前的研究命题进行了稳健性检验。

第六章首先总结了上述研究所取得的主要成果和理论贡献，特别总结了本书的创新点。其次指出本书现有研究中存在的不足和有待改进的地方。最后根据现有研究的成果确定了未来可能的研究方向和有待研究的命题。

二、本书框架

本书研究框架如图 1-6 所示。

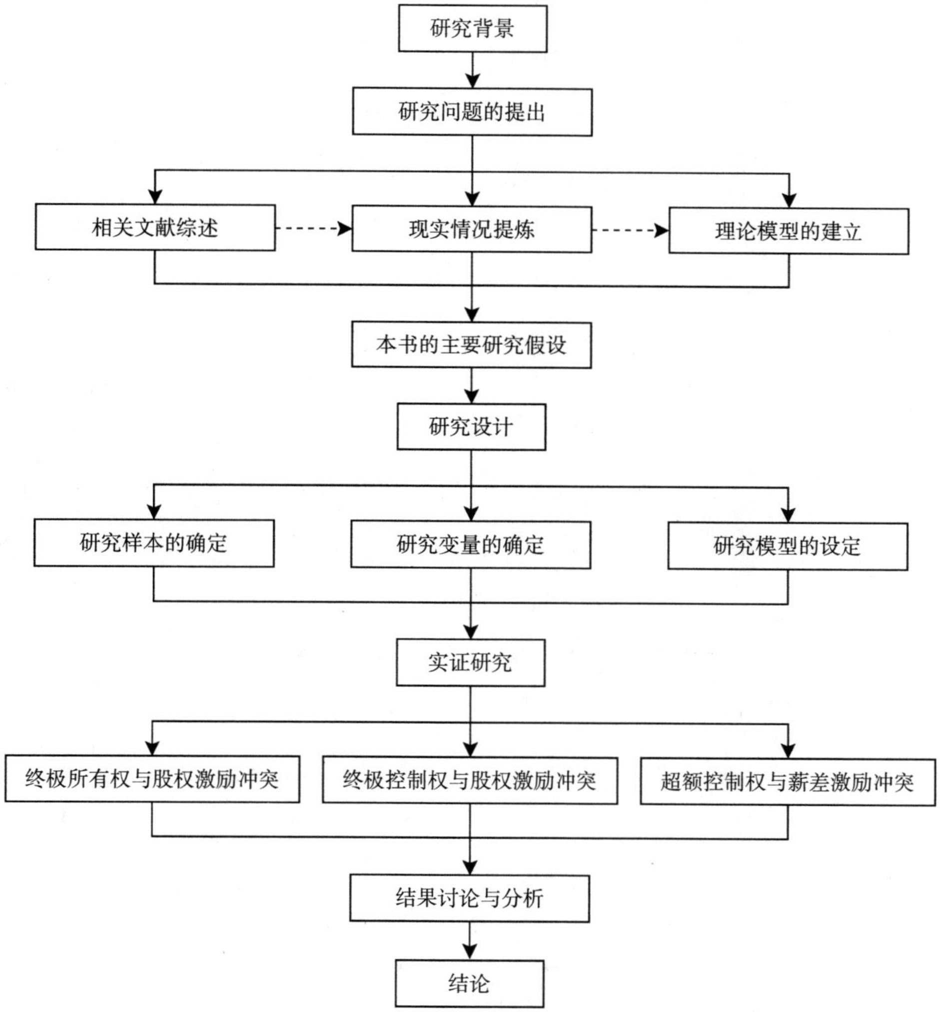

图 1-6　本书研究框架

第二章　相关文献评述

与本书研究有关的文献主要是控制权理论、激励理论和技术创新理论，其中关系最为密切的相关研究文献则主要是终极控制权、高管激励和研发决定因素的研究，因此本书按照以上三个方面对相关文献进行概括和评述，从而确定本书的理论出发点。

第一节　终极控制权的研究进展

一、国外研究进展

自 Berle 和 Means（1932）提出公司治理的基本命题后，最初所有的研究都基于股权比较分散的假设来分析股东—管理层（Principal-Agent）之间的代理问题，也被称作第 I 类代理问题。但随着研究的深入和发展，人们逐渐发现，欧洲大陆和东南亚的很多国家的股权比较集中，普遍存在终极控股股东，之后发现即使是在英美，股权集中度较高的企业占比也较高，所以世界主要国家的企业都存在控股股东，而且控股股东通过多种形式往往拥有不成比例的较多控制权，这种控制权和所有权的分离可能会造成对小股东的侵占，于是人们开始关注控股股东与小股东（Principal-Principal）之间的代理问题，也称作第Ⅱ类代理问题。

有关第Ⅱ类代理问题的研究始于 Claessens 等、Faccio 和 Lang，他们发现并证实了较高的股权集中度导致终极控股股东存在，而且终极控股股东的控制权份额远远大于其所有权份额，也就是存在超额控制权的情况［19-20］。之后，人们逐渐发现终极控制权及两权分离这一现象在世界各国都十分普遍［21］，由此控股股东与中小股东之间的代理问题成为全球性的公司治理问题。Shleifer 和 Vishny 认为，较为集中的股权结构可能导致大股东的剥削行为，特别是当控制权超过所有权时，这一剥削行为将变得更加严重。［22］ Bebchuk 等指出，随着终极控股股东的现金流权的下降（即超额控制权的增加），控制权与现金流权分离导致的代理成本有所上升，代理成本的增加也就意味着企业价值的降低［23］，所以终极控制权及超额控制权会影响企业业绩或企业价值，这一“掠夺效应”已经通过多个指标（Tobin's Q、ROA、CAR 和股票回报）在包括西欧、保加利亚、俄罗斯、瑞典、德国、土耳其、中国、中国香港、中国台湾、印度、日本、韩国、美国和加拿大等主要国家和地区获得了证实［24-43］。

Morck 等研究发现，股权集中度与企业价值呈“U”形关系，之后 La Porta 等研究发现，终极控股股东的现金流权与企业价值 Tobin's Q 正相关，但他们没有进一步分析终极控股股东两权分离与企业价值的关系［19］。Claessens 的进一步研究发现，大股东的现金所有权与企业价值正相关，而且超额控制权与企业价值负相关［20］，也就是终极控制权同时具有激励效应和壕沟效应。

之后，多数研究发现了终极控制权的壕沟效应[24-47]，即使在家族企业也是如此[48]，所以终极控制权的壕沟效应具有普遍性。由此，人们深入“企业组织”这一黑箱内部，分析终极控制权对企业主要经营决策的影响，现有研究涵盖了现金价值、关联交易、股利政策、负债融资、投资和并购、运作绩效、资本成本、会计信息、审计费用等多个方面[49-51]。

其中，关联交易、股利政策、负债融资、投资与并购等活动会增加被控股企业的资源规模和数量，从而为其实现控制权私人收益提供准备和必要的条件。关联交易是控制股东转移资源最简单、最常见的方式，最初的研究普遍发现：关联交易与超额控制权显著正相关[32、34、36]。股利政策是终极控股股东的另一个选择，因为发放股利会直接减少终极控股股东手中的资源，降低终极控股股东掠夺的可能，反之减少现金股利则有助于控股股东实现控制权私人收益，所以减少现金股利也就成为终极控股股东的一种掠夺方式[52-53]。不过，有时为了掩盖掠夺的行为[54]，终极控股股东反而会增加股利发放，即现金流权和控制权分离程度与股利显著正相关。针对上述研究结论的分歧，Pinkowitz 等认为，当制度较差时，控股股东会选择持有更多的现金以便较容易地攫取这些现金。特别是当控股股东的控制权与现金流权分离程度越高时，公司越倾向于分配较少的股利而积累较多的现金[55]。

债务融资可以增加企业规模和资源的数量，因此终极控制可以通过借贷活动实现其控制权私人收益。Du 和 Dai 研究发现，控股股东的两权偏离度与负债水平正相关[56]，而且两权分离度还会导致负债约束[57]和更高的银行贷款成本及更短的贷款期限[58]。之后的研究发现，超额控制权的壕沟效应也会导致短期负债上升[59]、融资成本升高[60-61]、财务约束[62]。于是，两权分离度会导致过高的负债，而过高的负债影响其他投资者的决策，所以负债反过来成为超额控制权的保护工具[63]。

终极控股股东还可以通过投资活动来增加企业规模和资源数量以实现其控制权私人收益，这样就造成企业的过度投资[64-65]、风险投资[66]以及并购活动[49、67-70]。但也有研究指出，终极控股股东主导的并购活动并不会影响企业的业绩和价值[71-73]，甚至有正面的影响[74]。

为了保证控制权私人收益的安全性和长期性，终极控股股东必然会隐藏和掩盖自己的利益攫取行为，于是终极控股股东会故意降低企业的透明度，减少企业的信息披露程度，增加企业的信息不对称，这样可以有效避免相应的追讨和惩罚，所以终极控制权会降低企业的会计信息质量和信息透明度[75-76]，于是终极控股权会显著提升盈余管理水平[77-80]。不过，所有权的增加会缓冲盈余管理活动的强度[81-82]，提高企业的信息质量。在公开市场中，终极控制权导致的信息不透明和信息不对称必然会增加投资者的信息收集成本和交易风险，从而降低投资者的热情，导致股票流动性的降低[83-84]和分析师报告的重要性[85-86]。这是因为信息不透明和不公开，导致其他小股东和投资者需要新的途径和渠道来了解相关信息及资料，分析师报告成为市场的主要选择。随着企业信息的不透明和股票流动性的降低，企业权益成本会有所上升[87-89]，但多个大股东并存带来的控制权竞争可以降低股权融资成本[90]。

除了控股股东外，管理层手中的控制权也会产生壕沟效应。管理层通过其掌握的超额控制权为自身牟利，获得较高的报酬[49、91]以及支付给工人较高的报酬[92]，这就意味着管理层

的超额控制权具有壕沟效应[93-94]。针对超额控制权带来的上述代理问题，公众投资者特别是机构投资者会有所察觉，从而会减少对其投资[95]。此外，投资者保护制度也会缓解这一壕沟效应[96-99]。

终极控制权或超额控制权还具有激励效应。部分研究认为，超额控制权并非总是产生负面影响[100-101]，甚至在一定的条件下还具有一定的激励效应[102-103]，特别是会支付给员工更多的薪酬、与投资者建立好的社会关系、提供低努力水平谈判等[104]以提供公司价值，这是因为终极控制权的监督效应大于攫取效应的结果[105]。

不过到目前为止，很少有研究涉及超额控制权与具体的公司治理变量的关系研究，比如董事会规模、独立董事报酬、管理层报酬等[106]。

二、国内研究进展

与国外的研究相似，我国最早的研究也证实超额控制权的存在性。大量的研究指出，我国上市公司普遍存在着超额控制权现象[107-110]，而且叶勇等、叶勇和黄雷还比较分析了不同法系国家和地区的上市公司两权偏离程度（现金流权与控制权偏离程度）[111-112]。之后，国内的研究也发现了终极控制权的壕沟效应[113-115]。但叶勇等发现，终极控制权具有明显的激励效应[116]。许永斌和郑金芳（2007）研究发现，控制权与公司绩效存在非线性关系[117]。

同时，现有研究普遍认为，超额控制权也会有损企业价值[118-125]，特别是通过现金价值[126-127]、全要素生产率[128-130]、关联交易[132]、负债水平[133]、股利政策[134-135]、会计信息[136-138]、投资行为[139-144]、公司治理[122、145]、多元化经营[146]等几个途径实现其壕沟效应，但壕沟效应的影响程度在不同生命周期的企业中影响不同[115]，同时也会因为董事会次数[147]、股东制衡[148]和机构投资者[149]的作用有所减弱。但也有一些研究指出，终极控股股东的超额控制权并不具有壕沟效应[117、131、150-155]，甚至具有激励效应[156]。

除了终极控制权外，终极控制权的性质差异也具有不同的影响。部分研究认为终极控制权性质与企业绩效有关[128、158-159]，并且终极控股股东的性质还会影响资金占用[160]和审计费用[161]。而部分研究认为无关[157]。

第二节　高管股权激励的进展

一、基本概念

国外股权激励研究往往采用内部人股权（Insider Ownership）这一概念，但在这一概念的界定上存在很大分歧。Morck 等、Short 和 Keasey 没有区分管理层所有权（Managerial Ownership）和内部人所有权这两个概念[162-163]，他们将董事们（Directors）及其直系亲属作为内部人。McConnell 和 Servaes 将管理层作为内部人[164]。Han 和 Suk 将内部人所有权定义为高级职员（Officers）、董事（Directors）、拥有收益权的所有者（Beneficial Owners）和股权比率大于或等于 10%的主要股东（Principal）[165]。Ferst 和 Kang 将内部人所有权定义为 CEO、CEO 的直系亲属、高

级经理层和内部董事所持有的股权[166]。目前，国外有关内部人（Insider）基本上界定为包括：管理层、董事和主要股东。

二、研究进展

高管团队激励问题一直是研究的热点[167-170]，不过国外有关高管团队股权激励的研究主要集中在股票期权方面，这是由于国外企业多采用股票期权这一激励方式。而我国的研究则主要集中在现金报酬方面[171-173]，当然也有很多研究涉及高管团队股权激励。

高管团队股权激励的研究主要理论基础是委托代理理论[174]，不过由于关注的重点和研究视角的不同，又出现了两种不同的观点：利益趋同效应（Alignment Effect）和壕沟效应（Entrenchment Effect）。其中，利益趋同效应认为，所有权和经营权的分离产生的利益不一致问题，可以通过管理层持股这一激励方式，统一管理层与股东的利益取向，从而实现利益趋同的结果[175-184]。还有研究从偿债政策[185]、并购活动[186]、信息披露[187]、管理层努力程度[188]、管理层风险承受能力[189]、避税行为[190]的角度分析指出，内部人持股水平可以提高企业的绩效。我国的研究也证实了利益趋同效应的存在[191-193]。

相反，壕沟理论认为，随着高管团队（内部人）所持股权的增加，其“内部人”身份将得到认同，对公司的影响力也会增加，职位和报酬将得到保障，所以高管团队（内部人）所持股权水平并不会带来任何显著的激励效应。Bebchuk 等的管理者权力理论（Manager Power Theory）进一步强化了这一观点：随着高管团队持股水平的上升，高管人员权力的增强会导致寻租行为（偷懒、在职消费）的增加，所以只会增加代理成本而不会对企业业绩或企业价值产生任何积极影响[194-196]。而且，从风险行为（并购和资产剥离）[197]、股利政策[198]、回购政策[198]等角度也发现，CEO 的持股水平也没有产生激励效应。国内也有研究支持这一观点[199-203]。

于是，部分学者指出，高管团队（内部人）所持有股权的激励效应和壕沟效应并非互相排斥、非此即彼，而是并存的关系，高管团队的持股水平会同时表现出利益趋同效应和沟壑效应，在不同的情况下，这两种效应的规模有所不同，从而对企业产生不同的影响。这样，高管团队（内部人）持股与企业价值往往表现出曲线关系[162、204-212]。

第三节　研发投资的影响因素

研发活动是企业生产和经营的重要内容，不仅影响着当期盈利水平，而且关乎到企业未来的发展潜力和竞争力，因此研发投资的决定（影响）因素一直都是研究的热点问题。在国外的文献中，企业研发活动又称为研发支出（R&D Expenditure）、研发投资（R&D Investment）或者研发策略（R&D Strategy），其实质研究的内容和变量是没有差别的，因此在本书的综述中我们对上述概念不做区分。

自熊彼特提出研发投资影响因素这一命题以来，不同战略学派都分析和研究这一问题并取得一系列研究成果：市场学派（Market-based View）强调市场和竞争对企业研发投资的影响；资源学派（Resource-based View）则强调企业特征对企业战略的

影响，导致研究内容纷杂而莫衷一是，直到战略利益相关学派（Stakeholder View of Strategy）才从根本上统一了研发投资影响因素的理论分析框架。

战略利益相关学派认为，企业是一系列契约的组合（The Nexus of Contracts），随着契约内涵的拓展，任何与企业发生直接或间接联系的组织及个人都可以视为显性或隐性的契约，并通过这一关系对企业的研发投资产生影响。所以，战略利益相关学派研究不仅涵盖市场学派和资源学派的内容，还将之拓展到宏观层面。根据企业契约缔结的顺序、重要性和紧密度，研发活动决定因素的研究内容可以分为以下几个层次。

如图 2-1 所示，按照契约缔结顺序和重要性，最核心的影响因素是董事会、管理层以及相关的公司治理机制；其次是公司的紧密利益相关者员工、顾客、工会和实际控制人；最后是包括市场、政策、位置的宏观因素。这一理论分析框架和相应层次的划分与研发投资影响因素的发展历史不完全相同，传统的研发影响因素的研究经历了“企业内部特点—外部环境—公司治理”这样一个由内到外再到内的发展过程。

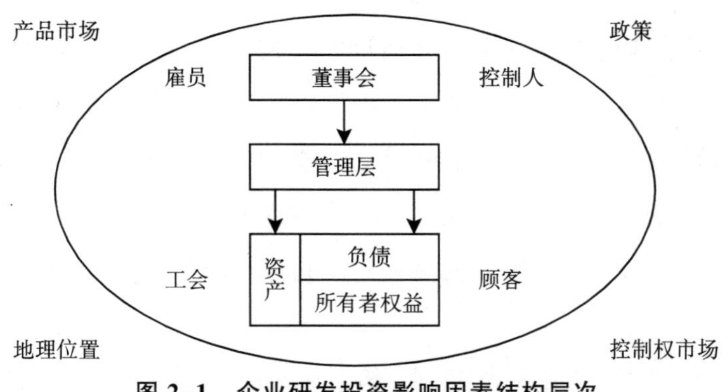

图 2-1 企业研发投资影响因素结构层次

我们将图 2-1 的层次结构进一步简化，按照影响因素的归属关系可以分为内部影响因素和外部影响因素。其中内部影响因素包括：①董事会特征；②管理层特征；③员工情况；④资产情况。外部影响因素包括：①股东情况；②市场情况；③公共政策；④其他因素，如图 2-2 所示。

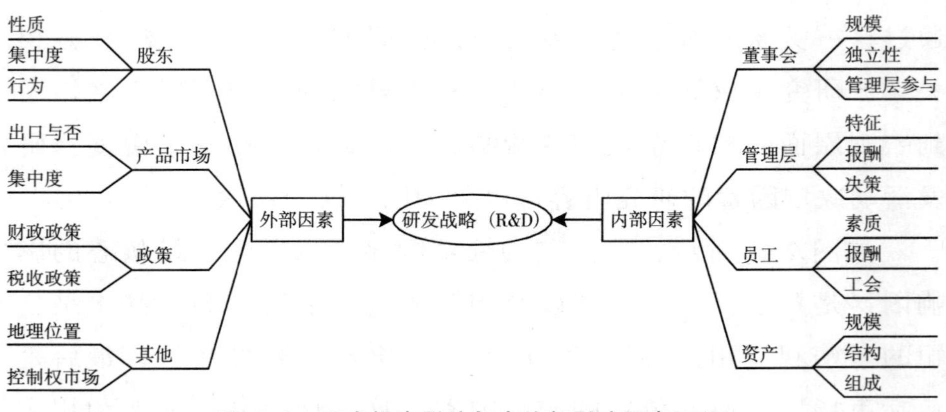

图 2-2　研发投资影响与内外部影响因素汇总

一、内部因素

研发投资是企业一项重要的经营决策，作为公司主要的决策机构和经营机构，董事会和管理层自然会对研发投资产生直接的影响。不过，鉴于研发活动的高风险、长周期的特点，董事会和管理层可能会鉴于自身风险和收益的综合考量而做出不同的选择，特别是对于管理层而言，出于自利而减少研发投入。于是，所有可能克服这一短期行为的因素都可能对研发投资产生影响。

作为主要的决策机构，董事会的独立性减少了董事会的自利动机，有助于保证研发活动这样的长期战略[213-214]，但也有

观点认为，外部董事并不真正了解企业反而会制约企业的研发活动[215-216]。一般而言，内部董事更熟悉企业实际情况而能更有效地执行研发投资[217-218]，特别是最熟悉和了解企业实际情况的管理层董事会能更有效地促进研发投资[217]。随着董事来源的丰富和人数的增加，董事会内部沟通和交流成本的增加将有碍研发投资的制定，所以董事会规模的增加制约了研发活动[213]，中等规模的董事会最适合研发活动[219]。

除独立性外，年龄、教育程度、工作背景、任期这些个人特征的差异也会影响董事或高管的认知、理解和判断，并由此产生不同的风险判断和决策行为。一般而言，年纪越小[220]、任期越短[220-221]、教育程度越高[220]、具有技术研发类的工作背景[221-222]的高管团队越容易开展研发活动，但董事的教育程度和风险投资工作背景则有碍于研发活动[223]。作为高管团队的核心，CEO 的年纪越小[224-226]、教育程度越高[224、227-228]、工作年限越长[225、229]或具有研发、技术和销售工作经历[222、224、225、227]越容易进行研发活动。

与独立性和高管特征相比，公司治理机制特别是股权激励对研发活动的影响更为重要，这是因为股权激励产生的利益一致性更能有效减少董事会成员或管理层的短期行为，所以董事会或管理层持股具有激励效应[218、228、230-240]，但有时这一激励效应会因为企业绩效的不同而有所不同[241]，甚至是曲线关系[242-243]。然而董事会或管理层的基本报酬不仅没有激励效果[244]，甚至会因为基本待遇较好而加重短期行为[245]。最近，Kor 就尝试性地分析了董事会和管理层团队的博弈如何影响企业的研发活动[246]。

实际上，研发的具体活动主要由一般员工承担并开展，因此员工的基本情况也会对研发活动有所影响[247]，特别是员工激励计划对研发活动具有显著的促进作用[248-250]。但工会组织有碍于研发活动[251-252]，因为工会的出现导致实际工资的增加，一方面减少了企业可投入研发的资本，另一方面降低了员工激励的效果。

人、财、物是企业的主要资源，除了人以外，财和物同样会对企业的研发活动产生重要影响。熊彼特曾指出，规模大的企业因为融资优势、规模经济、成本分摊、研发活动与非制造活动的协同效应，所以研发活动更密集。另外，外部筹集必需资金的困境导致内部融资对于研发活动十分重要。所以熊彼特认为：规模和内部融资是影响企业研发活动的重要因素。现有的研究主要从资产规模、现金流、负债情况衡量企业财和物的规模及对研发活动的影响。

不同的研究先后采用研发活动可能性[251、253-254]、研发强度[255-258]、研发规模弹性[259-261]都与企业规模显著正相关，不过部分采用研发规模弹性[262]和专利产出的研究得到相反结论[253、263]，还有研究指出企业规模与研发活动存在“U”形关系[264-268]。

相对于企业规模，现金流的情况反映了企业可用于投资的资源规模，因此研究发现现金流与研发活动显著正相关[269-274]。但 Bond 等认为，现金流并不影响企业研发费用，只会影响到企业研发投入的可能性[275]。

与现金流不同，负债会引起偿息的压力，减少企业可利用的资源规模，从而影响到企业研发投入[269、276-278]，而且这一负面影响具有持续效应[275、279]。不过日本的研究发现，两者具有正相关关系[277]，这可能是因为日本长期经济衰退导致资金成本较低而资金量充足使得负债抑制作用小于现金流的促进作用。

另外，企业的经营决策都会影响和决定资源的配置，由此多元化经营[269、280]、股利政策[281]都会降低研发活动。

二、外部因素

除了上述内部关键因素外，外部环境也会影响到企业研发活动，按照契约关系的紧密性和重要性，研发活动外部影响因素大体可分为股东、市场环境、公共政策和其他因素。

不同类型的股东，其利益诉求不同，因而对研发活动采取不同的态度。一般而言，家族股东[282-285]、国有股股东[214、240]、金融机构股东[300-301]的影响存在分歧。而机构投资者会促进研发活动[286-293]，但机构投资者因为投资周期的不同而有所差异，长期的、积极的机构投资有助于研发活动[294-297]，而短期交易的机构投资者则会抑制研发活动[283、298、299]。除了股东类型，控制权配置及争夺也会影响研发活动。一般而言，股权越集中，越容易进行研发活动[215、277、293、301-302]，但也有证据显示股权集中度与研发活动负相关[303-304]，甚至存在曲线关系[214、300]。同时，控制权争夺也会对研发活动产生影响。并购和撤资两种外部的控制权转移方式对研发具有不同的影响[318]：并购活动或者增加研发活动[319]，或者会减少研发活动[320-321]，而且反并购措施也会对研发活动产生影响[322-324]。同时，撤资会增加研发活动[325]。

外部产品市场的竞争也会影响企业的研发活动。市场需求特别是国外的市场需求（出口业务）往往会刺激企业的研发支出[305-320]，而且这一激励效果具有行业差别[311]。但也有研究认为，国外市场带来的激烈竞争会减少企业的研发支出[312-314]。由此，部分学者认为市场集中度（市场竞争情况）与企业研发存在曲线关系[268、315-317]。

除了市场竞争外，公共政策是影响企业研发活动的最重要的外部因素。多数的研究认为，税收抵免对研发支出具有积极的影响[326-328]。但财政资助对研发活动的影响存在一定分歧，部分学者认为其具有补充效应（激励作用）[329-334]，部分学者认为存在挤出效应或替代效应[335]，但也有研究指出两者之间并不存在挤出效应[336-339]，所以David等的综述指出，政府资助与研发活动可能是补充关系，也可能是替代关系[340]。此外，还发现税收抵免主要是短期影响，而财政补贴主要是长期影响[336]。

另外，研发活动具有集群效应和溢出效应，但这些效应具有地域半径，因此企业的研发活动具有地域特点[258、341-347]。

三、其他因素

除了上述主要因素外，还有研究分析了企业吸收能力[278、348]、技术变化速度[278]、企业寿命[349]、期望报酬[272-273、350]对研发活动的影响。

本节归纳和梳理了国外有关研发支出影响因素的实证研究成果，这一方面的实证研究源于研发对经济增长的重要性，特别是熊彼特假说的提出直接促进了相关实证研究的开展。

按照研究的发展历程，我们可以发现，最初的研究主要是分析企业自身特征和所处环境这些显而易见的内部因素或外部因素对研发活动的影响。实证研究表明：企业规模、现金流、财务杠杆、股利政策、员工素质、出口与否、期望报酬、吸收知识的能力这些自身特征都对研发活动有所影响。同时，市场集中度、地理位置、公共政策、工会组织、技术变化速度这些外部环境也会对企业的研发支出产生影响。所有这些企业特征和外部环境的实证研究揭示了企业研发活动受到外部的、诸多客观条件的影响。不过这些研究具有的不足之处在于：只是简单地分析某一个客观因素或几个因素对研发活动的直接影响。

随着研究的发展和资源概念的拓展，企业高管进入到这一研究领域，特别是高层梯队理论的出现直接促进了这一方面的研究。CEO、高管及董事的相关特征反映了认知和价值观等差异，及其对沟通、冲突等实际决策过程的影响，由此发现包括管理层、CEO 和董事的主要特征都会对研发活动产生影响。与之前的研究不同，这一研究尝试分析企业内部决策者对研发活动的影响，通过分析高管特征来了解企业内部决策权或决策过程如何对研发活动产生影响，试图探寻决策机制如何影响研发活动这一经营决策。但这一分析手段和方法只能反映出静态情况，并不能真正有效地剖析企业内部决策机制的动态变化。

最近，公司治理与研发活动的关系成为最热的研究内容，这是因为只有从公司治理的角度，才能真正了解和掌握公司决策机制如何动态影响研发活动，从而最真实、客观地反映出企业研发活动的影响机制和过程，而所有可能影响到公司治理机制和作用的因素都可能直接或间接地决定着研发活动。由此，股权集中度、股东类型和董事会结构这些重要的公司治理要素都会对研发活动产生影响，而且外部治理机制（如控制权市场）也会对研发活动产生影响。这一研究突破了以往静态特征分析的特点，从企业治理机制出发，尝试分析和探讨公司治理机制如何动态变化并对研发活动产生影响。不过现有研究只关注公司治理机制的某一个方面或某一个主体，虽然一些研究已经开始关注不同治理要素之间的互动和影响，但这方面的研究尚待拓展。

第四节　小　结

在前面的三节中，我们详细回顾了有关终极控制权（超额控制权）、高管激励与研发投资决定因素三方面的相关文献和最新研究进展。通过对已有文献的梳理，我们可以发现上述三个方面的研究中都存在着一定的不足和有待完善的地方。

一、终极控制权

（1）忽略了多重代理问题并存时的复杂性。目前，国内外有关超额控制权的研究理论依据是委托人之间（Pricinpal-Principal）的代理问题是企业的主要矛盾，委托人之间的代理问题的重要性和影响力也超过委托人和代理人之间（Pricinpal-Agent）的代理问题。这一观点和较高的股权集中度以及普遍存在的实际控制人的现实比较吻合。但不可否认的是，企业中往往并存着委托人之间、委托人与代理人之间的双重代理问题，在不同的时间和事件中，这两类代理问题的重要性略有不同，因此不能片面地研究委托人之间的代理问题而忽视委托人和代理人之间的代理问题，反之亦然。这是目前代理理论研究中存在的一个薄弱环节。

（2）很少探讨控制权理论在研发决策方面的影响。按照公司治理理论研究的惯例，终极控制权研究关注的中心问题仍是对企业业绩或企业价值的影响，之后则进一步分解企业组织“这一黑箱”，尝试分析终极控制权可能对企业经营活动和相关

决策的影响，从而剖析终极控制权对企业价值影响的内在机制和机理。从目前国内外研究的情况看，终极控制权的壕沟效应比较普遍，而且对企业经营决策的影响也具有显著的负面效应，已有研究主要落足于企业财务政策，很少关注企业的战略决策，因此现有研究并没有完全揭示终极控制权对企业价值的影响路径和传导关系，于是需要将终极控制权的研究拓展到企业具体的经营过程或决策上，如研发投资、多元化战略、新产品开发等。除了企业决策外，终极控制权还会影响企业的其他治理机制，因此分析和探讨终极控制权对公司治理具体机制的影响也是有待完善的地方。

（3）国内研究略显滞后。国内的研究也存在着上述提及的理论基础和影响范围的问题。同时，国内有关研究的内容也相对比较有限，而且研究结论存在较大的争议。因此，我国有关终极控制权的相关研究还有待完善和推进。

二、高管激励

高管激励问题一直是公司治理中的核心问题，国内外对此的研究也比较丰富。不过由于社会制度和经济发展情况不同，国内外有关高管激励的研究内容略有不同。国外高管激励的研究主要关注股票期权，而国内的研究主要关注高管持股问题。而且根据研究目的的不同，高管这一研究概念的内涵也不完全相同。除了上述比较明显的差异外，国内外现有高管激励的研究还存在不足：忽略高管激励的负面效应。

目前主流观点都认为高管激励能够有效缓解股东与管理层之间的代理问题，协调和统一双方的利益，对企业业绩或企业价值会产生积极的影响，也就是说高管激励的积极效果得到了普遍认可。由此，导致人们忽视了高管激励的负面效应，即在解决第Ⅰ类代理问题的同时，也会产生新的代理问题：高管激励引发的利益冲突问题；而目前国内外只有少量研究开始探讨和分析高管激励所引起的其他代理问题及其影响，这方面的研究有待完善和拓展。

三、研发投资的影响因素

如前所述，研发投资是企业自主创新能力的源泉，历来是各研究领域的热点问题。经过几十年的努力和发展，有关这一问题已经积累了比较丰富的认识。特别是最近几年，公司治理理论在研发投资方面的应用逐渐普及并繁荣起来，公司治理机制对研发投资的影响也逐渐清晰起来，但现有研究仍存在以下几个方面的不足：

（1）基于第Ⅰ类代理问题的研究与企业实际不符。目前有关公司治理与研发投资关系的研究建立在股权分散的假设基础上，强调和突出股东与管理层之间的代理问题是现有研究的起点。而这一假设与我国企业的实际情况不符，多数企业的股权结构比较集中，存在终极控股股东，股东之间的代理问题应该是研究的起点和出发点。而目前很少有研究从股权集中度和终极控制权理论出发分析研究公司治理与研发投资的关系。也就是说，现有研究并没有在终极控制权理论与研发投资之间建立起应有的联系，存在着明显的研究空隙。

（2）单变量的研究不能充分揭示研发决策的内在机理。现有的公司治理因素与研发投资关系的研究侧重于分析单一因素的影响，与企业实际情况并不吻合。现实中，企业的经营决策和投资行为必然会受到诸多因素的共同影响，特别是公司治理

机制中的众多参与者，但这方面的研究仍待加强和完善。

（3）我国研发投资影响因素的研究严重滞后。我国的自主创新能力相对落后，企业自主创新能力和研发投资水平相对较低。随着我国经济结构的调整和国际市场竞争加剧，企业自主创新能力和研发投资水平亟待提升。而目前，一方面，国内有关研发投资的相关研究十分有限，形成一致性结论的研究更是少之又少；另一方面，与国外的研究相比，我国在高管团队、公司治理与研发投资关系方面的研究尚未充分展开，许多研究问题尚待分析和解决，有关研发投资影响因素的深入研究有待挖掘。

我们将这三个方面的研究不足综合在一起，构建出本书的理论基础：

（1）PA 和 PP 双重代理问题并存。在第一章中，我们指出我国股权结构比较集中，终极控股股东现象比较普遍，控股股东与中小股东之间的代理问题比较严重。与此同时，随着现代企业制度的普及，职业经理人成为我国企业主要的经营者和管理者，股东更多作为企业的决策者和监督者，这也就意味着股东与管理层的代理问题也具有普遍性。于是，在我国企业中普遍存在着双重代理问题：股东与管理者（Principal-Agent）代理问题和控股股东与中小股东（Principal-Principal）代理问题。与之前的研究不同，本书的研究是基于双重代理问题这样的现实和理论背景而展开的。

（2）双重代理背景下的高管激励。不论是控股股东还是中小股东，都必须依赖管理层的努力来经营管理企业并实现企业价值最大化。因此，高管激励是企业管理的永恒问题。随着理论研究的深入和现实实践的发展，高管激励的积极作用已经被广泛接受和认可，但与此同时，高管激励所带来的新问题则尚待分析和研究。目前，国内外已有部分学者开始探讨这一问题，但我们仍需要从我国企业的实际出发探讨高管激励在我国企业中的两面性。

在双重代理问题并存的背景下，传统股东—管理层的两方博弈转变成为控股股东、中小股东和高管团队三方博弈。博弈主体的增加也决定了参与博弈各方的选择增加，与简单的股东—管理层两方博弈下选择的结果只有（合作，不合作）两种状态不同，三方博弈下最后的选择结果则比较复杂：其中任何两方都可以结盟而制约第三方，而非简单的是与否的选择。在这一背景下，基于各自利益的考量控股股东、中小股东和管理层对激励措施具有不同选择容易导致利益冲突和矛盾的出现，并最终会影响企业业绩和相关决策，所以高管激励问题就成为一个新的命题。

（3）关注企业具体的经营决策。传统的公司治理研究多关注企业价值或业绩的变化，特别是与终极控制权相关的理论分析多关注其对企业价值或业绩的影响，而忽视中间传统环节或内在机制。随着研究的深入，人们逐渐开始剖析企业组织这一黑箱，通过分析公司治理对企业经营决策的影响而评估其价值影响。已有的研究多关注企业财务决策，而较少关注具体经营决策。而事实上，很多财务决策如股利政策、会计信息披露等经营决策也是企业经营活动的成果，而非企业具体的经营活动。由此，本书则从企业具体的经营决策出发，尝试分析和研究双重代理背景下高管激励对研发投资的影响，从企业实际经营决策的角度分析双重代理背景下高管激励的问题。

第三章 理论模型与研究假设

在上一章中，我们回顾了与本书有关的相关文献和研究结论，同时我们也发现了现有研究存在的不足。在此基础上，我们首先对我国企业中存在的主要代理问题及利益冲突进行了归纳和总结，指出我国企业中现存代理问题的种类及其影响；其次根据控制权与高管激励冲突的研究文献，建立博弈模型分析和研究终极控制权与高管激励冲突的客观性，由此进一步推导终极控制权与激励冲突对研发投资影响的基本命题和研究假设。

第一节 我国企业中代理问题的现状

我国企业代理问题的研究始于经济体制改革后，源于我国企业制度的渐进性变革，因此从一开始，我国企业代理问题的研究就必然会受到西方经典企业理论和我国企业实践的双重影响。根据研究理论基础和研究视角的不同，我国企业代理问题的研究基本可以划分为两个阶段。

一、股东与管理层之间的代理问题

现代企业制度是市场经济体系的基石和核心，因此我国经济体制改革的核心是推动我国企业建立现代企业制度，尤其是国有企业现代企业制度的建立。在国企改革的同时，我国私营企业也获得了长足的发展，所以我国形成了非常独特的“二元混合体制”[351]。

1992 年之前，我国国有企业的改革主要是经济机制的转变[352]，核心的问题是解决国有企业管理层的激励问题，所以1978~1992 年我国国有企业先后采取了利润留成、承包制、奖金制等多种方式[353]。1992 年后，国企改革的方向确定为建立现代企业制度和法人治理结构，公司制或股份制是其主要的实现方式，根本谜底是进一步明确国有企业所有权与经营权的分离以及由此产生的委托代理关系，由此也形成了“内部人控制”现象[354]。国有企业的高管在这一过程中获得相当大的控制权，具体表现是国有企业管理层（主要是经理）掌握了企业的剩余控制权和剩余索取权[355]。造成这一现象的主要原因有两个方面：一是国有企业的委托代理链条过长，存在多重委托代理关系，导致实际所有者无法有效控制国有企业；二是国有企业的“委托人缺位”问题，国有企业为全民所有，但并没有真正的机构能够代表全体人民对国有企业行使委托人的职责。于是，如何有效激励企业管理者，解决国有企业委托代理问题成为社会各界关注的主要问题。特别是在“59 岁”现象频出之后，如何规制管理层行为、解决股东与管理层的代理问题成为国有企业改革的重点和热点问题。

与此同时，代理理论认为，股权分散造成所有权与经营权

分离，从而导致管理者的利益与股东的利益并不一致，所以企业管理者会谋取私利，而不是追求股东利益最大化。因此，当时公司治理理论主要解决管理层与股东利益协调和统一的问题，如何激励管理层努力追求股东利益的最大化成为公司治理的核心问题。

之前，我国国企改革研究主要是借鉴西方的代理理论，也就是基于股权分散的假设来分析和研究国有企业股东及管理层之间的代理问题，并由此提出相应的激励措施，这一研究范式认为股东与管理层的代理问题是我国国有企业的核心问题。

其中，代理理论还指出：公司股权高度分散导致管理者几乎完全控制了公司的经营决策权，而且高度分散的股东并不会积极地监督管理者，因此大股东的存在有利于加强对管理层的监督，从而有助于降低股东和管理层的代理成本。同时，在一定程度上也解决了小股东与管理层之间的代理问题。所以，大股东的存在对于解决股东与管理层的代理问题具有积极的作用。

总的来说，基于代理理论的影响和现实问题的紧迫性，我国国有企业代理问题的研究主要集中在股东与管理层的代理问题，也就是企业管理层激励的问题，为此高管激励逐渐增多，特别是随着我国资本市场的发展，高管股权激励逐年增加，如图 3-1 所示。这一事实也说明我国企业中股东和管理层之间的代理问题依然存在，仍是一个十分重要和突出的问题。

二、大小股东之间的代理问题

2000 年以后，有学者发现，与之前 Berle 和 Means （1932）的研究假设不同，企业股权不是分散而是相当集中的。较高的股权集中度会导致终极控股股东的普遍存在，终极控股股东可

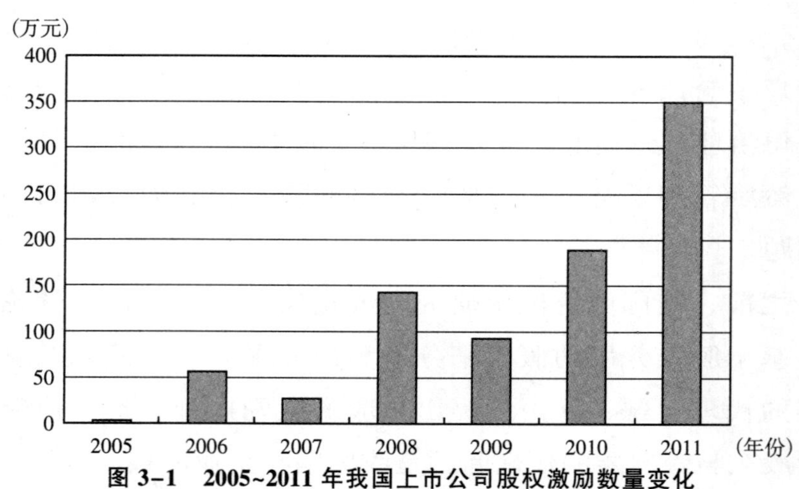

图 3-1　2005~2011 年我国上市公司股权激励数量变化

资料来源：国泰安数据库。

以通过金字塔、交叉持股等多种方式以较少的现金流获得较大的控制权，形成现金流权和控制权的分离。这一分离导致控股股东决策的成本和收益不对称：一方面，控股股东履行较大的监督职能并承担相应的成本，而只获得股权（现金流权）比例的收益，导致终极控股股东的成本与收益不成比例；另一方面，对于公司决策失误，虽然控股股东应该承担更大的责任，但实际上控股股东只承担其股权占比的损失，于是控股股东具有自利的动机和可能，这就意味着控股股东和小股东之间也存在利益分歧，即所谓的第Ⅱ类代理问题。终极控制权理论认为，股权集中在世界各国都是普遍现象，即使是英美，企业也存在实际控制人，终极控股股东以较低的现金流权获得较高的控制权，实现对公司的控制，所以终极控股股东手中的控制权与所有权并不相同，终极控股股东往往具有超额控制权，而这也形成了利益攫取和侵占的动机，即控股股东的壕沟效应。

就我国的实际情况而言，不论是国有企业，还是民营企业，

股权都比较集中，普遍存在实际控制人。特别是对于上市公司而言，往往存在多层链条控制，由此形成了控制权和现金流权的分离。这样，我国企业的控股股东拥有较大的控制权，而持有相对较少的现金流权。如前所述，控股股东的收益与成本不对等助长了其自利行为，其会根据自身利益控制和影响企业的经营决策。特别是在企业收益一定的条件下，控股股东出于自利的目的，往往会掠夺中小股东，从而形成“隧道效应”。这一效应在我国资本市场主要表现为关联交易、资金占用等形式。为此，证监会先后发布和出台了多项措施来规范上市公司控股股东的行为，减少终极控股股东对中小股东的侵占。此后，虽然控股股东操纵的关联交易和资金占用情况有所减少，但其实现控制权私人收益的动机和本能没有变，只是采取更加隐蔽的掠夺手段和方式（刘少波，2007）。

综上所述，我们发现，我国上市公司中控股股东和中小股东之间的利益冲突十分普遍，股东之间的代理问题比较严重。

三、两类代理问题共存的现状

如上所述，在我国企业中，第Ⅰ类代理问题和第Ⅱ类代理问题都有所表现。在不同的情况下，上述两种代理问题的重要程度不同，所以对企业的影响力也不完全相同。有些时候，股东和管理层之间的第Ⅰ类代理问题更加突出，这时第Ⅱ类代理问题只属于次要矛盾或者矛盾的次要方面；而有些时候，股东之间的第Ⅱ类代理问题更加引人注目，这时第Ⅰ类代理问题处在从属地位。

因此，观察我国企业的实际情况就会发现，股东与管理层之间的第Ⅰ类代理问题和股东之间的第Ⅱ类代理问题同时存在，只是在不同的时间和不同的条件下，上述两种矛盾和利益冲突的激烈程度及重要性有所不同。特别是由于企业股权结构、社会文化、法治水平等的不同，上述两类矛盾的重要性和主次关系会不断发生变化。

就企业的相关利益主体而言，控股股东、小股东和管理层是最核心的利益主体，因此他们之间的矛盾和利益冲突是企业治理的核心环节及重点问题。同时，根据代理理论，我们发现，我国企业中同时存在着第Ⅰ类代理问题和第Ⅱ类代理问题，我们在相关研究中必须从这一现实情况出发，分析和研究两类代理问题并存时的公司治理机制，而不应该将公司治理问题简化为只有第Ⅰ类代理问题或只有第Ⅱ类代理问题这一研究范式。

第二节　控股股东与高管冲突模型

针对两类代理问题并存的现状，我们拟从高管激励有效性的视角出发，通过博弈模型分析高管激励能否有效解决第Ⅰ类代理问题，以及高管激励是否会引起新的代理问题，特别是高管股权激励如何成为第Ⅰ类代理问题和第Ⅱ类代理问题的桥梁及其对企业的影响。

一、基础模型

假设存在一个委托代理关系，委托人为P，代理人为A。代理人A可以选择是否执行委托人P的指令，所以代理人A面对的选择集就是{Y，N}，其中Y就是Yes，表明代理人执行了委

托人的命令；N 就是 No，表明代理人拒绝了委托人的命令，两者发生冲突。

在一定的客观背景下，只有个人的判断与实际情况相符，项目才会成功，而每个人对实际情况的了解不尽相同，从而每个人对项目成功的判断也不完全相同。因此，对于委托人和代理人而言，每个人的主观概率是 μ_i，而每个人对项目成败的综合判断概率函数就是 $V_i = \max(\mu_i, 1 - \mu_i)$。由于委托人和代理人对项目和实际情况的判断不同，因此 μ_A 和 μ_P 是不完全相同的。

由于委托人首先提出项目活动，而代理人可以选择是否执行其命令，因此我们这里简单假设 $1 > \mu_P > 0.5 > \mu_A > 0$，也就是说委托人要比受托人对项目更加乐观。

我们设定委托人 P 给予受托人 A 一个固定工资 w 和项目绩效工资 $\alpha \in [0, 1]$，也就是项目成功后的分成比例。

这样的话，代理人 A 的收益函数就是 $w + \alpha$。

而相对来说，委托人的收益函数为 $1 - \alpha - w$。

根据纳什定价公理，委托人和代理人的讨价还价能力分别为 λ 和 $1 - \lambda$，而两者退出后的讨价还价能力都为 0。

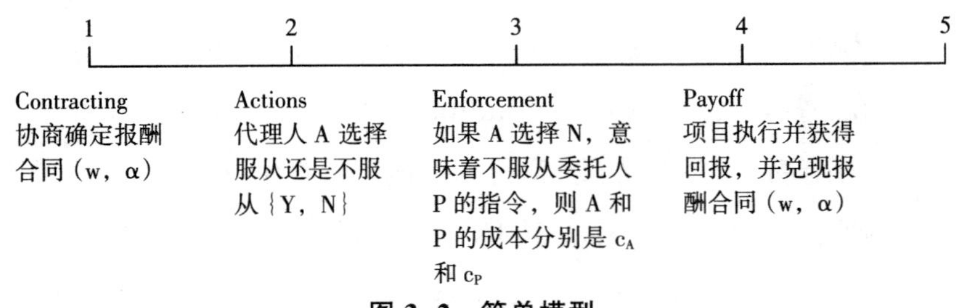

图 3-2　简单模型

由图 3-2 可知，我们发现委托人 P 和代理人 A 经过四个步骤，其中：

（1）委托人 P 和代理人 A 协商确定代理人 A 的报酬合同（w，α），包括固定工资 w 和项目分成比例 α。

（2）代理人 A 根据自身的信息和主观概率 μ_A 和 V_A，判断和选择是否服从委托人 P 的指令｛Y，N｝，由于代理人 A 负责执行相关决策，因此代理人 A 具有最终的决定权，代理人 A 是基于自身的判断和之前确定的报酬合同而作出决定的。

（3）如果代理人 A 选择了 N，即代理人 A 不服从委托人 P 的指令，则委托人 A 和代理人 P 分别发生成本 c_A 和 c_P，其中 c_A 包括被解雇的成本和按照委托人的指令重复工作的成本，c_P 包括寻找替代的成本和监督重复工作的成本，这里我们假定这两个成本是外生的。

（4）项目执行完毕，委托人获得项目的收入，而代理人获得报酬合同（w，α）。其中，代理人 A 还可以通过项目的成功获得私人收益 $\gamma_A > 0$，如果项目失败，则代理人 A 的私人收益 $\gamma_A = 0$。这样的话，最终委托人 P 的收益是 $1 - \alpha - w$，而代理人 A 的收益是 $w + \alpha + \gamma_A$，其中 w 为固定工资即常数项，并不随项目成本而变化。因此，简化后委托人 P 的收益是 $1 - \alpha$，代理人 A 的收益是 $\alpha + \gamma_A$。

需要说明的是，我们假定 $\alpha \in [0, 1]$，这说明该博弈是一个无赌博的博弈（No-wager Condition）。这一情况意味着委托人和代理人不会因为可以破坏项目而获得任何收益，如果 $\alpha \notin [0, 1]$，则意味着任何采取破坏行动的一方都将获得无限大的收益，这样委托人和代理人都不会参与这个协商活动，也不会有之后四个阶段的博弈。

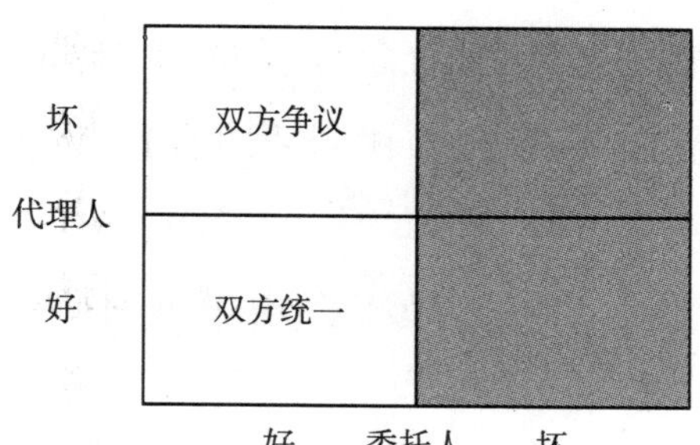

图 3-3　委托人和代理人之间的争议分布

如果委托人 P 不认可项目，则不会提出来，见图 3-3 阴影区域；如果委托人 P 认可这一项目，则提出新的项目。而这时，代理人 A 则面临两种可能：认可或不认可委托人 P 的项目。认可这一项目，则双方意见统一，执行项目；不认可这一项目，代理人 A 有两种选择，服从委托人的决定或拒绝委托人的决定。这时，代理人 A 会综合衡量自己的损失和收益，从而做出最后的决定。

当代理人选择拒绝委托人的命令时，这时候委托人和代理人发生冲突，因为代理人 A 负责执行项目，所以其拒绝也就意味着项目停止或失败，项目停止给代理人 A 造成的损失 $\alpha_A(1-V_A)+c_A$，而代理人 A 不顾自己的意见仍然执行委托人的决定的话，其收益是 $\alpha_A V_A$，如果可能的损失太大，那么代理人就会服从委托人的指令。

也就是说，当 $\alpha_A(1-V_A)+c_A \geqslant \alpha_A V_A$ 时，出于自身利益的考虑，代理人 A 将不顾自己的真实想法而服从委托人 P 的指令而选择 Y。根据这一推理，我们可以得到代理人 A 的判断标准为：

$$\alpha_A(1-V_A) \geqslant \alpha_A V_A - c_A \quad (3-1)$$

式（3-1）表明，代理人 A 根据自己对项目情况的判断来推测自身的收益和损失情况，当代理人 A 不认可委托人的判断时，代理人可以选择拒绝委托人的命令，选择 N；也可以选择服从委托人的命令，选择 Y。那么，由此我们可以从式（3-1）中得到如下的命题：

命题 1： 代理人 A 将选择 Y，也就是服从委托人 P 的指令，当且仅当 $c_A \geqslant \alpha_A(2V_A - 1)$。

由命题 1 我们可以发现，代理人 A 的不服从委托人 P 的成本 c_A 是随着项目成功后的分成比例 α_A 的增加而增加，这是因为随着 α_A 的增加，代理人 A 会越发关心公司的决策，这也会使得代理人越有可能执行其并不认同的委托人 P 的命令。并且，我们可以从上述命题推导出如下观点：

（1）较高的绩效工资（Pay-for-performance）往往会增加冲突发生的可能性。

（2）具有较高内在激励的代理人更可能导致冲突的发生。

（3）当代理人不用对最后的结果负责时，往往会服从委托人的命令。

（4）当代理人对项目的主观判断 V_A 很小时，往往会发生冲突。

需要特别强调的是，命题 1 中的不等式是控制权与激励冲突模型的核心条件，在后文的完整模型中，这一条件具有十分广泛的应用。

二、完整模型

在基本模型的基础上，我们进一步完善相关假设，从而更加接近现实情况。在这里，我们加入三个条件，分别是：

（1）委托人 P 从项目开始时就采取监督行为，从而产生监督成本 K，同时代理人 A 在违背委托人的命令后也会承担冲突

后的一定后果。这样的话，冲突导致的成本就会出现。否则，如果委托人最初没有发生监督成本，那么发生冲突后，$c_A = c_P = 0$。

（2）代理人 A 选择 {Y，N} 是随机的。这样，代理人 A 的冲突成本就是一个随机变量，服从均匀分布［0，C］，其中当委托人 P 执行监督时，监督成本 $c_P > 0$。

（3）代理人存在道德风险。代理人除了选择是否服从委托人的命令外，其还能决定自身的努力程度和具体行动，项目的成败还取决于代理人的行动和努力程度，所以必须对代理人进行激励。这样，假设代理人 A 的努力成本 c_e 服从均匀分布［0，τ］的随机变量，其中 $\tau \in (0, 1)$。

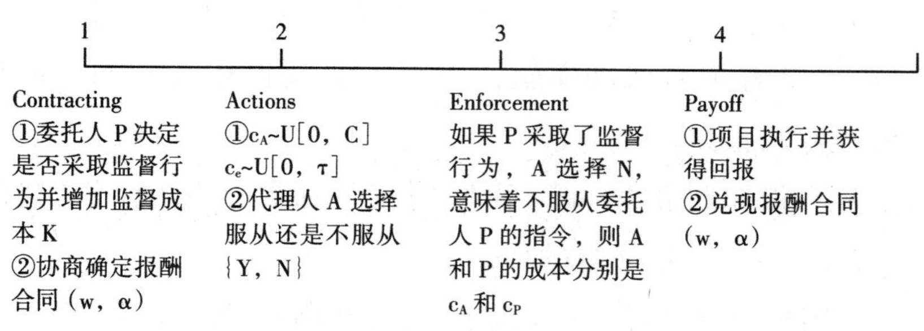

图 3-4　完整模型

从图 3-4 中我们可以看到，与基本模型一样，仍有四个步骤。略有不同的是：

步骤一，委托人 P 增加了监督成本 K，而且随着时间的推移，监督成本 $K \downarrow 0$，这一假设用来简化分析过程，并不影响分析结果。同时，委托人 P 和代理人 A 确定代理人的报酬合同（w，α）。

步骤二，代理人 A 选择是否服从委托人 P 的命令，其中，如果代理人 A 不服从委托人 P 的指令，两者发生冲突，则代理人 A 会承受冲突成本 $c_A \in [0, C]$ 的均匀分布，而且在第二阶段开始的时候，委托人和代理人都清楚冲突成本 c_A 这一外生变量。

除了冲突成本，代理人 A 还存在道德风险——努力程度，如前所述，代理人的努力成本呈 $c_e \in [0, \tau]$ 的均匀分布，而 $\tau \in [0, 1]$，也就是从不努力到 100%努力。与冲突成本一样，代理人 A 在第二步确定自己的努力程度和努力成本 c_e。

需要说明的是，如果 $1-\tau$ 表示当且仅当代理人 A 的决定与实际情况相符，那么 τ 则表示的是当且仅当代理人 A 努力之后项目成功的概率。由此，我们可以发觉，参数 τ 表明了努力程度与决定的相对重要性。

步骤三和步骤四与简单模型中的一样，分别是委托人执行监督并发生冲突后，委托人 P 和代理人 A 面对冲突成本 c_P 和 c_A。之后，随着项目成功实施，委托人 P 获得相关利润，而代理人 A 获得合同报酬。

随着假设条件的增加，我们现在将命题 1 拓展到复杂模型的背景下，延续之前分析的思路：

（1）当委托人和代理人没有主观判断差别时，委托人和代理人不会发生额外的成本，项目得以顺利实施，委托人 P 和代理人 A 都获得自己应有的收益 $1-\alpha-w$ 和 $\alpha+w$。

（2）当两者存在判断差别时，代理人将不认可委托人的观点，可以选择服从或违背委托人的命令，如果服从，则其结果与上面的结果一致，各人得到自己应有的收益。

（3）而当委托人和代理人发生冲突导致相关项目中止或失败，这时代理人会因为项目失败而遭受的损失 $\alpha_A(1-V_A)+c_A$ 远远大于其收益 $\alpha_A V_A+w$，于是代理人为了减少自身的风险损失，必然会选择服从委托人的命令。

由此，我们可以将命题 1 的结论拓展到复杂模型下，即只

有当代理人 A 的潜在损失较大，特别是大于其潜在收益，代理人 A 违背委托人 P 的命令经济上不划算时，代理人 A 必然会选择服从委托人 P，所以我们可以得到：

当委托人采取了监督行为后，代理人 A 会服从委托人的指令，当且仅当 $\alpha_A(1-V_A)+w \geq \alpha_A V_A + w - c_A$，整理后为 $c_A \geq \alpha_A(2V_A-1)$。

由此可知，在假设条件更接近现实情况的复杂模型中，我们同样可以得到之前的结论。同时，我们可以根据上述研究进一步推论，得到命题 2：

命题 2： 如果委托人 P 采取监督行为，那么代理人 A 选择违背委托人命令的概率为 $\min\left(\frac{\alpha_A(2V_A-1)}{C}, 1\right)$，而且这一概率随着 α、$\gamma_A$ 和 V_A 而增加。

如前所述，由于委托人和代理人的主观判断及先验概率的不同，对真实情况的判断不尽相同，从而委托人和代理人对所实施的项目有着不同的观点及判断，从而引发了两者之间的冲突。特别是，随着绩效工资（Pay-for-performance）的增加，代理人由于自身利益的原因会更加关注委托人决策的正确性，从而也会增加代理人违背委托人命令的概率。也就是说，两者之间的冲突因为激励机制的引入而变得明显。

在这一情况下，委托人和代理人之间的冲突最终会形成两个平衡点：①在较高的业绩激励下（High-powered Incentives），代理人违背委托人的命令，两者发生冲突；②在较低的业绩激励下（Low-powered Incentives），代理人服从委托人的命令，委托人具有决策权，两者没有发生冲突。但随着代理人激励机制的不断上升，代理人违背委托人的概率在不断增加，两者发生冲突的可能也会不断增加，从而最终导致较低水平下的平衡点逐渐转移到较高水平下的平衡点，即最后都表现为委托人和代理人的冲突。

代理人 A 将付出 $\tau\alpha_A \geqslant c_e$ 的努力成本，那么代理人的效应函数就是：

$$\int_0^{\tau\alpha_A}(\tau\alpha_A - u)\frac{1}{\tau}du = \tau\alpha_A^2 - \frac{\tau\alpha_A^2}{2} = \frac{\alpha_A^2}{2}\tau$$

而委托人的效用函数则是：

$$\int_0^{\tau\alpha_A}(\tau\alpha_P)\frac{1}{\tau}du = \tau\alpha_A\alpha_P$$

这样，委托人和代理人的效用总函数就是$\frac{\alpha_A^2 + 2\alpha_A\alpha_P}{2}\tau$。

下面开始考虑的情况是：如果委托人 P 进行监督，那么代理人 A 总会选择违背代理人的命令，两者发生冲突，也就是 NAT（NO Authority）的平衡，则总效用函数等于：

$$U_{NAT}(\alpha) = (1-\tau)(\alpha_A V_A + \alpha_P(1-V_P)) + \frac{\alpha_A^2 + 2\alpha_A\alpha_P}{2}\tau$$

对总效用函数求一阶导数，我们可以得到：

$$\frac{dU_{NAT}(\alpha)}{d\alpha} = (1-\tau)(V_A + V_P - 1) + \frac{2\alpha_A + 2\alpha_P - 2\alpha_A}{2}\tau$$

$$= (1-\tau)(V_A + V_P - 1) + (1-\alpha)\tau > 0$$

只有当 $\alpha = 1$ 时，联合效用函数 U_{NAT} 才能最大，所以

$$U_{NAT} = (1-\tau)(1+\gamma_A)V_A + \frac{(1+\gamma_A)^2}{2}\tau$$

如果委托人进行了监督（监督成本 K 趋近于 0），这时代理人 A 选择服从委托人 P 的概率最大为$\left(1 - \frac{\alpha_A(2V_A - 1)}{C}, 0\right)$，这也是没有冲突时的平衡点，也就是委托人对代理人具有权威的

平衡点（Authority）。如果 $\alpha_A(2V_A-1)\geqslant C$ 的话，那么代理人 A 将总是选择服从委托人 P 的命令，两者没有发生冲突，其效用函数为：

$$U_{AT}(\alpha)=(1-\tau)\left[\alpha_A V_A+\alpha_P(1-V_P)-\frac{C}{2}-c_P\right]+\frac{\alpha_A^2+2\alpha_A\alpha_P}{2}\tau$$

对上述函数求导可得：

$$\frac{dU_{AT}(\alpha)}{d\alpha}=(1-\tau)(V_A-(1-V_P))+\frac{2\alpha_A+2\alpha_P-2\alpha_A}{2}\tau$$
$$=(1-\tau)(V_A+V_P-1)+(1-\alpha)\tau>0$$

这时，只有当 $\alpha=1$ 时，联合效用函数 U_{AT} 才能最大，所以

$$U_{AT}=(1-\tau)\left((1+\gamma_A)V_A-\frac{C}{2}-c_P\right)+\frac{(1+\gamma_A)^2}{2}\tau$$

当 $\alpha_A(2V_A-1)<C$ 时，代理人 A 将以 $\frac{\alpha_A(2V_A-1)}{C}$ 的概率选择违背委托人 P 的命令，则此时的总效用函数为：

$$U_{AT}(\alpha)=(1-\tau)\int_0^{\alpha_A(2V_A-1)}[\alpha_A V_A+\alpha_P(1-V_P)-c_P-u]\frac{1}{C}du+(1-\tau)\left(1-\frac{\alpha_A(2V_A-1)}{C}\right)[\alpha_A(1-V_A)+\alpha_P V_P]+\frac{\alpha_A^2+2\alpha_A\alpha_P}{2}\tau=(1-\tau)\frac{\alpha_A(2V_A-1)}{C}\left[\frac{\alpha_A(2V_A-1)}{C}-\alpha_P(2V_P-1)-c_P\right]+(1-\tau)[\alpha_A(1-V_A)+\alpha_P V_P]+\frac{\alpha_A^2+2\alpha_A\alpha_P}{2}\tau$$

$$U_{AT}(\alpha=1)=(1-\tau)\frac{(1+\gamma_A)(2V_A-1)}{C}\left[\frac{(1+\gamma_A)(2V_A-1)}{2}-c_P\right]+(1-\tau)(1+\gamma_A)(1-V_A)+\frac{(1+\gamma_A)^2}{2}\tau<\frac{1}{2}(1-\tau)(1+\gamma_A)+\frac{(1+\gamma_A)^2}{2}\tau<U_{NTA}$$

求导后可得：

$$\begin{aligned}\frac{dU_{AT}(\alpha)}{d\alpha}&=(1-\tau)\frac{(2V_A-1)}{C}\left[\frac{\alpha_A(2V_A-1)}{C}-\alpha_P(2V_P-1)-c_P\right]\\&\quad(1-\tau)\frac{(2V_A-1)}{C}\left[\frac{\alpha_A(2V_A-1)}{C}-\alpha_A(2V_P-1)-1\right]-\\&\quad(1-\tau)[V_A+V_P-1]+\alpha_P\tau\\&=\tau-(1-\tau)[V_A+V_P-1]+(1-\tau)\frac{(2V_A-1)}{C}\\&\quad[\gamma_A(2V_A-1)+(\gamma_A-1)(2V_P-1)-c_P]-\\&\quad\alpha\left(\tau-(1-\tau)\frac{(2V_A-1)}{C}[(2V_A-1)+2(2V_P-1)]\right)\end{aligned}$$

令：$f=\tau-(1-\tau)[V_A+V_P-1]+(1-\tau)\frac{(2V_A-1)}{C}[\gamma_A(2V_A-1)+(\gamma_A-1)(2V_P-1)-c_P]$

$$g=\tau-(1-\tau)\frac{(2V_A-1)}{C}[(2V_A-1)+2(2V_P-1)]$$

求二阶导数可得：

$$\frac{d^2U_{AT}(\alpha)}{d\alpha^2}=-g=(1-\tau)\frac{(2V_A-1)}{C}[(2V_A-1)+2(2V_P-1)]-\tau$$

如果 $g\leqslant 0$，那么 $\alpha=0$ 或 $\alpha=1$。由于 $U_{AT}(\alpha=1)<U_{NAT}$，

当 α 达到最优值时，平衡点为 AT，也就是委托人与代理人发生冲突，代理人服从委托人的命令。

如果 $g > 0$ 的话，那么 α 的最优解将是唯一的，并且由 FOC 来决定，即 $\alpha = f/g$。如果 $f \leqslant 0$，那么 α 的最优解 $\hat{\alpha} = 0$。如果 $f > 0$，则 α 的最优解 $\hat{\alpha} = \min(f/g,\ 1)$。但是由前面的分析可知，$U_{AT}(\alpha = 1) < U_{NAT}$，所以这个时候的平衡点应该是 $\hat{\alpha} = f/g$，由包络定理（Envelope Theorem）可知，α 必然存在最优值，且不用考虑其他参数对其的影响。

这样，我们可以看到，$U_{AT}(\hat{\alpha}) - U_{NAT}$ 是随着 V_A 和 γ_A 严格递减的。而且当 $U_{AT}(\hat{\alpha}) = U_{NAT}$ 时，$U_{AT}(\hat{\alpha}) - U_{NAT}$ 是随着 V_P 严格递增，而随着 τ 严格递减的。下面我们注意分析 V_A、γ_A、V_P 和 τ 对 $U_{AT}(\hat{\alpha}) - U_{NAT}$ 的影响。

（一）V_A 的影响

$$\frac{dU_{NAT}(\alpha)}{dV} = (1-\tau)(1+\gamma_A)$$

当 $\alpha_A(2V_A - 1) < C$ 时：

$$\frac{\partial U_{AT}(\alpha)}{\partial V_A} = (1-\tau)(-\alpha_A) + (1-\tau)$$

$$\left(\frac{1}{2}\alpha_A(2V_A-1) - \alpha_P(2V_P-1) - c_P\right) + (1-\tau)$$

$$\frac{\alpha_A(2V_A-1)}{C}\alpha_A = -(1-\tau)\alpha_A + (1-\tau)\frac{\alpha_A}{C}$$

$$(2\alpha_A(2V_A-1) - 2\alpha_P(2V_P-1) - 2c_P)$$

$$< -(1-\tau)\alpha_A + (1-\tau)\frac{\alpha_A(2V_A-1)}{C}2\alpha_A$$

$$< -(1-\tau)\alpha_A + (1-\tau)2\alpha_A < (1-\tau)(1+\gamma_A)$$

这样，$\frac{dU_{AT}(\hat{\alpha}) - U_{NAT}}{dV_A} < 0$。

（二）γ_A 的影响

$$\frac{dU_{NAT}(\alpha)}{d\gamma_A} = (1 - \tau)V_A + (1 + \gamma_A)\tau$$

求偏导可得：

$$\frac{\partial U_{AT}(\alpha)}{\partial \gamma_A} = (1 - \tau)(1 - V_A) + (1 - \tau)\frac{1}{C}(\alpha_A(2V_A - 1)^2 - \alpha_P$$

$$(2V_A - 1)(2V_P - 1) - (2V_A - 1)c_P) + \frac{2\alpha_A + 2\alpha_P}{2}\tau$$

$$= (1 - \tau)(1 - V_A) + (1 - \tau)\frac{1}{C}(2V_A - 1)$$

$$(\alpha_A(2V_A - 1) - \alpha_P(2V_P - 1) - c_P) + (1 + \gamma_A)\tau$$

$$< (1 - \tau)(1 - V_A) + (1 - \tau)\frac{\alpha_A(2V_A - 1)}{C}$$

$$(2V_A - 1) + (1 + \gamma_A)\tau$$

$$< (1 - \tau)(1 - V_A) + (1 - \tau)(2V_A - 1) + (1 + \gamma_A)\tau$$

$$< (1 - \tau)V_A + (1 + \gamma_A)\tau$$

由此可知，$\frac{dU_{AT}(\hat{\alpha}) - U_{NAT}}{d\gamma_A} < 0$。

（三）V_P 的影响

由于 U_{NAT} 不受 V_P 的影响，因此当 $U_{AT}(\hat{\alpha}) = U_{NAT}$ 时，很容易证明$\frac{\partial U_{AT}(\hat{\alpha})}{\partial V_P} > 0$，具体过程如下所示：

$$\frac{\partial U_{AT}(\hat{\alpha})}{\partial V_P} = (1 - \tau)\alpha_P + (1 - \tau)\frac{\alpha_A(2V_A - 1)}{C}(-2\alpha_P)$$

$$= (1 - \tau)\alpha_P\left(1 - 2\frac{\alpha_A(2V_A - 1)}{C}\right)$$

$$= (1-\tau)\alpha_P\left(1 - 2\frac{\alpha_A(2V_A - 1)}{C}\right)$$

由于 α_A（$2V_A - 1$）$\geqslant$ C，所以 $2\frac{\alpha_A(2V_A - 1)}{C} \geqslant 1$，这样 $\frac{\partial U_{AT}(\hat{\alpha})}{\partial V_P} < 0$。

$$U_{AT}(\alpha) = (1-\tau)(\alpha_A(1-V_A) + \alpha_P V_P) + (1-\tau)\frac{\alpha_A(2V_A-1)}{C}$$

$$\left(\frac{1}{2}\alpha_A(2V_A-1) - \alpha_P(2V_P-1) - c_P\right) + \frac{\alpha_A^2 + 2\alpha_A\alpha_P}{2}\tau$$

$$< (1-\tau)(\alpha_A(1-V_A) + \alpha_P V_P) + (1-\tau)\alpha_A$$

$$\left(V_A - \frac{1}{2}\right) - (1-\tau)\frac{1}{2}\alpha_P(2V_P-1) + \frac{(1+\gamma_A)^2}{2}\tau$$

$$< (1-\tau)\frac{1+\gamma_A}{2} + \frac{(1+\gamma_A)^2}{2}\tau < (1-\tau)(1+\gamma_A)V_A +$$

$$\frac{(1+\gamma_A)^2}{2}\tau = U_{NAT}$$

因为始终 $U_{AT}(\hat{\alpha}) \geqslant U_{NAT}$，那么 $\frac{dU_{AT}(\hat{\alpha}) - U_{NAT}}{dV_P} > 0$。

（四）τ 的影响

因为

$$U_{AT}(\alpha = 1) = (1-\tau)\frac{(1+\gamma_A)(2V_A-1)}{C}$$

$$\left[\frac{(1+\gamma_A)(2V_A-1)}{2} - c_P\right] + (1-\tau)(1+\gamma_A)$$

$$(1-V_A) + \frac{(1+\gamma_A)^2}{2}\tau$$

所以，我们可以将上面的公式中的前两项合并后，简化为 $U_{AT} = (1-\tau)A + \tau B$。

而 $U_{NAT}(\alpha)=(1-\tau)(\alpha_A V_A+\alpha_P(1-V_P))+\frac{\alpha_A^2+2\alpha_A\alpha_P}{2}\tau$，同理，我们也可以简化为 $U_{NAT}(\alpha)=(1-\tau)E+\tau F$，其中，由于 $\frac{\alpha_A^2+2\alpha_A\alpha_P}{2}>\frac{(1+\gamma_A)^2}{2}$，所以 $F>B$。那么当 $U_{AT}=U_{NAT}$ 时，我们就可以推导出：$E<A$。

求偏导的话，$\frac{\partial U_{AT}(\hat{\alpha})-U_{NAT}}{\partial\tau}=-A+B+E-F=(-A+E)+(B-F)<0$。

综上所述，在完整的模型中，我们可以得到命题 3：

命题 3： 当 $V_A\leqslant\hat{V}_A$ 的权威模式或非权威模式时，都存在 $\hat{V}_A$ 保证均衡点的存在，且 $\hat{V}_A$ 将随 γ_A 和 τ 而递减。

（1）代理人服从委托人的命令，也就是在权威模式（AT）下，或者 $g\leqslant 0$ 或者 $f\leqslant 0$（这也意味着 $\tau=0$），那么 $\hat{\alpha}=0$。代理人 A 将以恒定概率 $\frac{\gamma_A(2V_A-1)}{C}$（常数）违背委托人的命令而出现冲突。

（2）代理人服从委托人的命令，也就是在权威模式（AT）下，且 f，g > 0，那么 $\hat{\alpha}=f/g$，$0<\hat{\alpha}<1$。代理人 A 将以 $\frac{(\hat{\alpha}+\gamma_A)(2V_A-1)}{C}$ 的概率违背委托人的命令而发生冲突，而且这一冲突的概率将随着 $\hat{\alpha}$ 的水平而增加。

（3）代理人违背委托人的命令时，也就是在非权威模式（NAT）下，那么 $\hat{\alpha}=1$。代理人 A 将总是违背委托人的命令而发生冲突。

三、模型的进一步研究

（一）冲突连续化的情况

上文完整模型中的平衡点比较简单、清晰，其中一个关键性的假设是博弈双方知道对方的想法，也就是说他们知道其中存在的冲突。现实中，人们不可能完全知晓或了解对方的想法，所以个人想法并非公开信息。而且，博弈双方时而冲突，时而合作，所以在项目执行期间往往争议不断，即使是在报酬合约已经签订后。本部分我们将之前的模型拓展到冲突连续化的情境下。在此我们假设：

（1）对项目的判断并非公开信息，而是博弈各方的私人信息，各方可以通过沟通来交流彼此的判断。

（2）在报酬合约签订后，随着项目的实施，连续性的争议不断出现，因此我们假设在第二阶段委托人 P 和代理人 A 各自确定自己的主观判断 μ。

（3）为了使随后的分析简单以及计算方便，本文假设委托人 P 和代理人 A 对项目成功的概率判断为 V_P，$V_A \in (0.5, 1)$，也就是说在第二阶段委托人和代理人对项目成功和失败的判断都是 50%和 50%的概率。

（4）委托人 P 和代理人 A 各自对项目成功的主观概率都是 50%，并且是相互独立的，因此他们在执行一半的情况下会出现不同的判断，从而出现冲突。

（5）本书只限于纯战略平衡点，而没有考虑到福利改进的帕累托最优（Pareto）。

（6）委托人 P 可以通过沟通告知代理人 A 应该做什么，而代理人 A 也会遵照其指令，但仍存在失真的情况，也就是说代理人 A 并没有做到委托人 P 希望的那样。

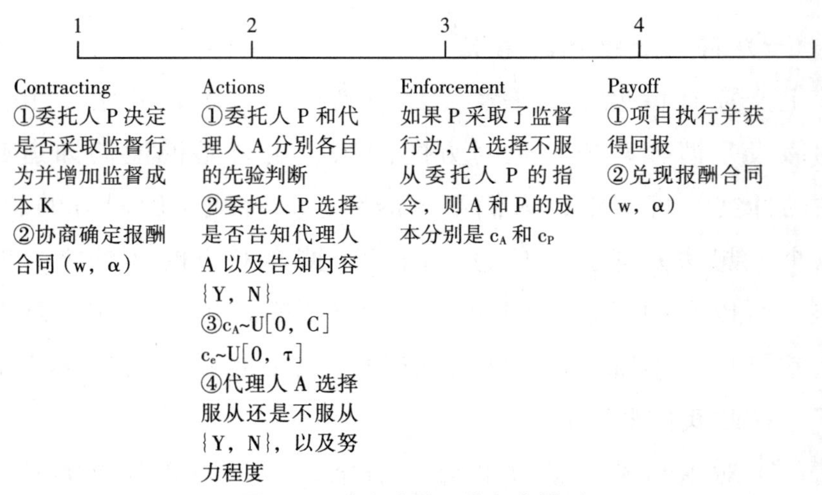

图 3-5　冲突连续下的复杂模型

由图 3-5 可知，与复杂模型一样，仍有四个步骤。略有不同的是：

（1）在第二阶段的一开始，委托人 P 可以告诉代理人 A 做什么，特别是委托人 P 可以告知代理人 A 其的主观判断，也就是说委托人 P 告诉代理人 A“项目是成功”还是“项目是失败”。

（2）委托人 P 的偏好存在以下特点：下令被遵守 > 不下令 > 下令被违背。

（3）见上文的分析结果，这一博弈过程存在权威模式（AT）和非权威模式（NAT）的平衡结果。在非权威模式下（NAT），代理人 P 并不采取监督行为，也不告诉代理人 A 该做什么，代理人 A 总是按照自己的判断作出最合理的决定。

（4）在权威模式下（AT），代理人 P 采取监督行为，并告知代理人 A 该做什么，代理人 A 有时会违背自己的判断而服从委托人 P 的命令。

其中：$f=\tau-(1-\tau)[V_A+V_P-1]+(1-\tau)\frac{(2V_A-1)}{C}$

$$[\gamma_A(2V_A-1)+(\gamma_A-1)(2V_P-1)-c_P]$$

$$g=\tau-(1-\tau)\frac{(2V_A-1)}{C}[(2V_A-1)+2(2V_P-1)]$$

那么，总是存在 $\hat{V}$，当 $V_A \leqslant \hat{V}$ 时，权威模式下 AT 存在均衡点，反之当 $V_A \geqslant \hat{V}$ 时，非权威模式下 NAT 存在均衡点。

（1）在权威模式（AT）下，如果 $g \leqslant 0$ 或者 $f \leqslant 0$（这也意味着 $\tau=0$）的话，那么 $\hat{\alpha}=0$。代理人 A 将以概率 $\frac{\gamma_A(2V_A-1)}{2C}$ 反对委托人 P。

（2）在权威模式（AT）下，如果 f，$g>0$，那么 $\hat{\alpha}=f/g$，而且 $0<\hat{\alpha}<1$。委托人 A 将以概率 $\frac{(\hat{\alpha}+\gamma_A)(2V_A-1)}{2C}$ 的概率反对委托人 P，而且发生冲突的概率随着 $\hat{\alpha}$ 而递增。

（3）在非权威模式（NAT）下，$\hat{\alpha}=1$。代理人 A 总是作出他认为合理的决定。

（二）冲突成本内生的情况

本部分主要分析冲突成本内生化后，也就是说博弈双方都可以随时选择退出，即便如此，我们仍会得到类似上文中的结论。除之前复杂模型的基本假设外，我们还补充了以下假设：

（1）委托人 P 和代理人 A 没有外生的冲突成本，$c_A=c_P=0$。

（2）在第四阶段之前，任何一方都可以随时选择退出项目，退出的概率设定 P。由于之前签订的合同的约束，所以并非总能成功退出项目。如果一方成功退出项目，那么项目终止，委托人 P 和代理人 A 都没有回报。

（3）在第一阶段，我们采用纳什均衡点[356]，这一可行解是非凸的（Non-convex）。

（4）第一阶段中的工资将采用绩效工资，也就是工资高于市场水平，以便委托人 P 能够有效惩罚代理人 A 使其服从委托人 P 的指令。

（5）本书只限于纯战略平衡点，而没有考虑到福利改进的帕累托最优（Pareto）。

（6）博弈双方中的任何一方都可以在时点 4 之前退出项目，但很显然最合适的退出环节是时点 3，为了方便，本书只分析了在时点 3 退出的选择。如图 3-6 所示。

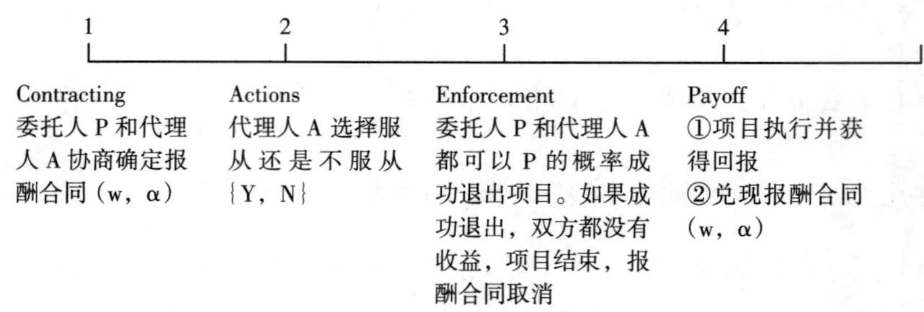

图 3-6　冲突成本内生化后的模型

于是，当且仅当同时满足如下三个条件时，博弈双方中的任何一方都会退出项目。这三个条件是：

$$w \geqslant \alpha_A\left(\frac{(1-P)}{P}(2V_A-1)-(1-V_A)\right)$$

$$w \geqslant \alpha_P(1-V_P)$$

$$w \leqslant \alpha_P V_P$$

式中，第一个条件是保证效率工资能够使得对代理人 A 的激励与服从委托人 P 的命令能够并存；第二个条件则使得委托人具有开除代理人的威胁，使得代理人必须服从委托人的命令；

第三个条件只是有关个人的简单理性规定。

与之前类似，这里存在权威模式下和非权威模式下的平衡点。在权威模式（AT）下，平衡点必须满足以下条件：①委托人和代理人有关报酬合约中的分成比例 $\alpha = 0$；②代理人服从委托人的指令；③当且仅当代理人并未按委托人的指令行动时，委托人会退出项目。

在非权威模式（NAT）下，平衡点必须满足以下条件：①委托人和代理人有关报酬合约中的分成比例 $\alpha = 1$；②代理人根据自己的判断选择最优的行动；③任何一方都不会退出项目或者任何一方都不会背离对方。

综上所述，对于任何可能情况，总是存在一个均衡解。在权威模式下，当 $V_P > \hat{V}_P$ 时存在均衡解；而在非权威模式下，当 $V_P < \hat{V}_P$ 时存在均衡解。其中，$\hat{V}_P$ 随 γ_A 和 V_A 而递增。

第三节　控制权与激励冲突对投资的影响模型

在上一节中，我们证实了由于主观判断和先验概念的不同，激励可能会导致委托人 P 和代理人 A 之间产生冲突。在本节中，我们将这一冲突模型应用到企业投资决策中，分析委托人和代理人之间的冲突可能对企业投资所产生的影响。

首先假设委托人和代理人都是风险中性，无风险利率为 0，代理人的努力程度为 $e \in [0,\ 1]$，代理人的成本函数为 $c(e)$，相对应地找到好投资项目的概率为 $\theta(e)$，而且 $\frac{\partial \theta}{\partial e} > 0$，$\frac{\partial \theta^2}{\partial e^2} < 0$。同时，

满足稻田条件（Inada Condition），即$\lim\limits_{e\to 0}\frac{\partial\theta}{\partial e}=0$，$\lim\limits_{e\to 1}\frac{\partial\theta}{\partial e}=\infty$。

一个好的投资项目的 NPV 为 H，而一个坏的投资项目的 NPV 为 L，并且 $H>0>L$。我们假设委托人和代理人之间同时接受这一投资项目的概率为 $\rho\in[0,1]$，那么代理人认为是好项目而委托人认为是坏项目或者委托人认为是好项目而代理人认为是坏项目的概率，也就是委托人和代理人发生冲突的概率是 $1-\rho$。如图 3-7 所示。

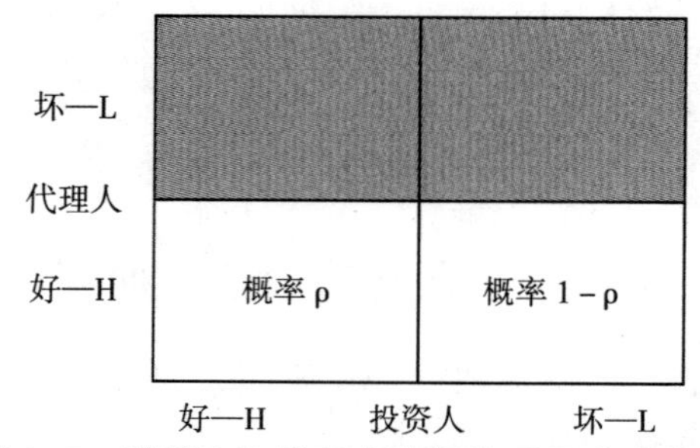

图 3-7　委托人和代理人的投资项目冲突分布

其中，$P_S=\rho H+[1-\rho]\eta L+I$ 表示当股东（市场投资者）同意总经理对这一项目是“好项目”的判断时的概率是 ρ，I 是项目的投资额，η 表示经理人遭遇股东阻力发生冲突时仍坚持项目投资的概率，$1-\eta$ 表示经理人遭遇股东阻力发生冲突时放弃项目投资的概率。而当股东（投资者）不同意总经理对这一项目的判断，并认为这一项目是“坏项目—L”时的概率是 $1-\rho$，而此时总经理仍会认为这一项目是“好项目—H”，所以当股东和总经理意见不一致而发生冲突时，总经理对这一项目的判断就是：$P_M=\rho H+[1-\rho]\eta H+I$。

令 P_S 表示股东（市场投资者）普遍比较认可这个投资项目

时的股价反映，而 P_M 表示股东（市场投资者）并不认可这个项目时的股价反映，δ 是总经理给这一投资项目所赋予的权重，所以总经理的目标函数就是：

$$W = \theta P_S + \theta\delta P_M - e$$

这样，我们可以对总经理的函数求一阶导数，得到：

$$\frac{\partial\theta}{\partial e}[P_S + \delta P_M] - 1 = 0$$

$$\frac{\partial\theta}{\partial e} = \frac{1}{P_S + \delta P_M} = \frac{1}{(\rho H + [1-\rho]\eta L + I + \delta(\rho H + [1-\rho]\eta H + I))}$$

$$= \frac{1}{(1+\delta)\rho H + (1+\delta)I + (1-\rho)\eta(L+\delta H)}$$

对 $\frac{\partial\theta}{\partial e}$、ρ 求偏导，

$$\frac{\partial^2\theta}{\partial e\partial\rho} = -[(1+\delta)H - \eta(L+\delta H)]$$

$$= -[H + (1-\eta)\delta H - \eta L]$$

由于 $H > 0 > L$，而且 $\eta \in [0, 1]$，$\delta \in [0, 1]$，所以 $\frac{\partial^2\theta}{\partial e\partial\rho} < 0$，加之 θ 随 e 增加，这就意味着：当争议较低、股东和经理人的一致性 ρ 较高时，经理人的最优选择就是较高的努力程度 e^*，因为 $\frac{de^*}{d\rho} > 0$。由于经理人的努力程度提高，找到好项目的概率 θ 就会增加，最终会促进投资。基于以上的分析和公式推导，我们可以提出以下命题：

命题 4： 股东和管理层激励之间的冲突与企业投资显著负相关。

第四节　研究假设的提出

根据前面两节所提出的命题，并结合现有的相关研究文献，我们提出本书的研究假设，首先提出本书有关控制权以及管理层激励各自对研发投资的影响的基本假设，其次提出控制权与激励冲突对研发投资影响的相关假设。

一、终极控股股东与研发投资

公司的股权集中是一个普遍的社会现象，即使在美国也是如此。股权的集中必然会出现实际控制人，其通过金字塔、交叉持股等多种方式，支付较少的现金流来实现较大的控制权，从而形成终极控制权。于是，实际控制人的成本与收益不对等造成控股股东与中小股东的利益不完全一致，其有强烈的动机和欲望通过多种形式及手段实现自身财富的最大化。由于历史原因，我国上市公司企业的股权比较集中，这种实际控制人的现象在我国上市公司中十分普遍，加之中小投资者的保障体系相对薄弱，所以大股东实现控制权私人收益现象十分普遍。

终极控股股东会依靠手中的所有权和控制权决定企业的各项经营决策，而其决策的出发点更多的是其自身收益和风险，各类投资决策或投资活动自然会受到终极控股股东的影响。现有研究中主要关注“投资不足”或“过度投资”，虽然表象不同，但这些非效率投资的本质都是控股股东依靠掌握的所有权和控制权实现其控制权私人收益的具体方式。Aggarwal 和

Samwick 指出，控制权收益与控制权成本相伴而生，控制权私有收益会引起过度投资以及控制权私有成本会引起投资不足[357]。而 Morelle 则进一步指出：由于股权的异质性，控股股东的控制权私有收益不仅会导致企业的过度投资行为，而且同样会引起企业的投资不足问题[358]。Dyck 和 Zingale 的研究发现，控制资源的规模越多，控股股东越有可能制定有利于自身利益目标的各种非效率投资行为决策，以增加其控制权私人收益[359]。

刘星和窦炜研究指出，基于对控制权私有收益的追求，过度投资和投资不足两种非效率投资行为同时存在于大股东控制条件下的企业投资行为中[360]。豆中强和刘星（2010）研究发现，大股东的侵占行为是导致上市企业资本配置行为扭曲、资本配置非效率的一个重要原因，而大股东的侵占行为导致上市企业对风险性资产投资的非效率“挤占”，大股东的侵占水平与风险性资本的配置比例负相关。蔡珍红和冉戎（2011）进一步指出，存在控股股东的公司会产生投资不足。由此，我们可以发现，终极控股股东的所有权和控制权会导致企业存在非效率投资，而对于风险资本来说，控制权的影响主要是减少其配置，并导致投资不足现象的出现。

综上所述，对于研发投资这样公认的风险投资活动，控股股东必然会减少其配置和规模，减少研发投资。此外，石水平（2010）研究发现，控制权与资金占用的侵占效应显著正相关，而现金流是企业研发投资的重要支持要素。所以，我们提出以下的研究假设：

H1a：终极所有权与研发投资显著负相关。

H1b：终极控制权与研发投资显著负相关。

二、高管股权激励与研发投资

研发投资能提高企业的研发实力和创新能力，会提高企业的竞争力和盈利能力。同时，研发投资的不确定性和技术风险意味着较大的投资风险，因此研发投资的高风险、高收益的特点会引起股东和管理层的分歧。对股东而言，提高企业研发实力和创新能力可以增强企业的竞争力和盈利能力，符合其利益最大化和长期投资的要求，再加上股东可以通过投资多家企业来分散某一企业的研发风险，所以股东往往偏好研发投资，会积极支持企业的研发活动。但对高管人员而言，研发投资会直接影响到企业当期的经营业绩，从而影响高管的业绩考核和物质回报，而且研发投资的高风险或失败很可能威胁其职业声誉和工作安全，所以高管人员对企业的研发投资比较谨慎。加之高管人员只能在一个企业工作，无法像公司股东那样通过多元化投资来分散企业研发投资风险，因此高管人员的业绩压力、物质报酬、职业声誉、岗位安全所有这些顾虑导致其谨慎对待企业的研发投资。所以，研发投资的特点会造成股东和管理层之间的利益冲突，即股东和管理层在研发投资上存在明显的代理问题。

股权报酬是让高管人员拥有部分公司股份，从而将其自身的经济利益与公司的发展绑定，这样增加高管人员风险收益的同时也提高了其风险承受能力，而且从根本上协调了股东与高管在研发投资方面的利益分歧。May 发现，CEO 持股后更容易从事高风险投资以期获得较高的资本回报[361]。同时，股权报酬的财富效应也将改变企业高管过分关注当期盈利水平而忽视企业长期发展的视野，基于自身长远经济利益的考虑，企业高管更关注企业长期的发展潜力和竞争力，也就更愿意采取有助于企业长期发展的研发投资。Wu 和 Tu（2011）发现，由于股票期权实现时间跨度较长，具有长期引导作用，所以 CEO 的股票期权对企业 R&D 投资有正向影响。康华等（2011）研究发现，CEO 的持股水平与研发活动（研发投资）显著正相关[362]。王燕妮（2011）研究发现，高管的长期和短期报酬激励与研发投资显著正相关。所以，股权报酬会提高企业高管的风险偏好和长期化经营的视角，会改变高管对研发投资的态度和看法，从而使得高管更愿意支持和执行企业的研发投资，由此我们提出以下假设：

H2a：董事会的股权激励与研发投资显著正相关。

H2b：董事长的股权激励与研发投资显著正相关。

H2c：高管团队的股权激励与研发投资显著正相关。

H2d：总经理的股权激励与研发投资显著正相关。

三、终极控制权与激励冲突对研发投资的影响

如前所述，我国的上市公司往往会同时出现终极控制权与管理层激励并存的局面，而终极控股股东和管理层对企业的经营决策特别是投资决策具有举足轻重的影响。实际控制人可以通过终极控制权决定和影响企业董事会的组成及相关决议，从而影响企业的研发投资决策。在终极控股股东确定研发投资决策后，管理层负责研发投资的具体组织和执行，其支持程度和努力程度直接影响着研发投资的效率和效果，因此管理层的认可和支持也决定着研发投资的成败。

在本章的模型推导中我们指出：由于先验经验和主观判断的差别，终极控股股东与管理层对投资项目存在不同的认识和判断，因此在终极控股股东作出决策之后，管理层作为代理人

可以选择服从终极控股股东的命令，也可以违背终极控股股东的命令。由于终极控股股东与管理层对研发投资的风险、收益考虑不同，所以其对终极控股股东和管理层切身利益的影响不同，从而会造成终极控股股东与管理层在研发投资上的态度和观点的不同。如本书的假设 1 所述，终极控股股东从事投资活动的主要目标是实现其控制权私人收益，因而会减少风险资产的配置，降低研发投资，减少研发活动。而与之正好相反，如本书的假设所述，持股比例的增加会提高管理层与股东的利益一致性，从而也会增强管理层的风险承受能力和长期化经营视野，由此管理层的股权激励会提高研发投资。这样，在研发投资的决策上，终极控股股东与管理层激励会形成比较明显的冲突现象。

在企业的实际经营中，终极控股股东依靠手中的控制权能够决定董事会的组成和主要高管的选拔及聘用，这也就意味着终极控股股东可以选择符合其要求的管理层，反之，也可以通过其他的机制和决策来影响管理层的想法、干涉企业的经营决策。对管理层而言，出于压力或者是自身现实利益的考虑（如报酬的水平、岗位安全等），其一般会服从终极控股股东的决定。特别是在我国目前的情况下，由于管理层的持股水平较低，违背自身判断而接受控股股东的提议后，其遭遇的预期损失远远小于丢失现有职位的既定收益，因此如之前博弈模型分析的结果，管理层会服从终极控股股东的决定。这也就意味着，终极控制权会影响到管理层激励与研发投资的关系，所以我们得到如下研究假设：

H3a：基于假设 H1a 和假设 H2a，终极控股股东与股权激励后董事会在研发投资上存在明显的分歧，而且终极所有权与董

事会股权激励的冲突对研发投资具有显著影响。

H3b：基于假设 H1a 和假设 H2b，终极控股股东与股权激励后董事长在研发投资上存在明显的分歧，而且终极所有权与董事长股权激励的冲突对研发投资具有显著影响。

H3c：基于假设 H1a 和假设 H2c，终极控股股东与股权激励后高管团队在研发投资上存在明显的分歧，而且终极所有权与管理团队股权激励的冲突对研发投资具有显著影响。

H3d：基于假设 H1a 和假设 H2d，终极控股股东与股权激励后总经理在研发投资上存在明显的分歧，而且终极所有权与总经理股权激励的冲突对研发投资具有显著影响。

H4a：基于假设 H1b 和假设 H2a，终极控股股东与股权激励后董事会在研发投资上存在明显的分歧，而且终极控制权与董事会股权激励的冲突对研发投资具有显著影响。

H4b：基于假设 H1b 和假设 H2b，终极控股股东与股权激励后董事长在研发投资上存在明显的分歧，而且终极控制权与董事长股权激励的冲突对研发投资具有显著影响。

H4c：基于假设 H1b 和假设 H2c，终极控股股东与股权激励后高管团队在研发投资上存在明显的分歧，而且终极控制权与管理团队股权激励的冲突对研发投资具有显著影响。

H4d：基于假设 H1b 和假设 H2d，终极控股股东与股权激励后总经理在研发投资上存在明显的分歧，而且终极控制权与总经理股权激励的冲突对研发投资具有显著影响。

上述假设分别采用终极所有权、终极控制权度量控股股东的掠夺动机和可能以及这一掠夺效应对高管激励与研发投资关系的影响表明：终极控股股东与高管（董事会、董事长、管理团队、总经理）股权激励的冲突会对研发投资产生显著影响。

第五节 小 结

本章首先分析我国企业中代理问题的种类和情况，其次采用博弈论构建了控制权与激励冲突模型来分析控制权与激励冲突的可能性和客观性，并且通过不断放松相关假设使得理论模型与现实情况不断接近，发现和证明控制权与激励冲突存在的客观性，以及这一冲突对企业经营决策特别是对投资行为的影响。

在理论模型分析的基础上，我们根据已有的研究文献逐步推导出本书的相关假设，即控制权与激励冲突的相关假设、超额控制权与激励冲突的相关假设，我们共得到两个方面共 19 条研究假设，各项具体假设如表 3-1 所示。在下面章节中，我们将收集国内上市公司的相关数据，对上述假设和命题进行检验和证明。

表 3-1 研究假设

类型	编号	具体假设
终极控股股东对研发投资的影响	1	H1a：终极所有权与研发投资显著负相关
	2	H1b：终极控制权与研发投资显著负相关
股权激励对研发投资的影响	3	H2a：董事会的股权激励与研发投资显著正相关
	4	H2b：董事长的股权激励与研发投资显著正相关
	5	H2c：高管团队的股权激励与研发投资显著正相关
	6	H2d：总经理的股权激励与研发投资显著正相关
终极所有权与高管激励冲突对研发投资具有显著影响	7	H3a：基于假设 H1a 和假设 H2a，终极所有权与董事会股权激励的冲突对研发投资具有显著影响
	8	H3b：基于假设 H1a 和假设 H2b，终极所有权与董事长股权激励的冲突对研发投资具有显著影响

续表

类型	编号	具体假设
终极所有权与高管激励冲突对研发投资具有显著影响	9	H3c：基于假设 H1a 和假设 H2c，终极所有权与高管团队股权激励的冲突对研发投资具有显著影响
	10	H3d：基于假设 H1a 和假设 H2d，终极所有权与总经理股权激励的冲突对研发投资具有显著影响
终极控制权与高管激励的冲突对研发投资具有显著影响	11	H4a：基于假设 H1b 和假设 H2a，终极控制权与董事会股权激励的冲突对研发投资具有显著影响
	12	H4b：基于假设 H1b 和假设 H2b，终极控制权与董事长股权激励的冲突对研发投资具有显著影响
	13	H4c：基于假设 H1b 和假设 H2c，终极控制权与高管团队股权激励的冲突对研发投资具有显著影响
	14	H4d：基于假设 H1b 和假设 H2d，终极控制权与总经理股权激励的冲突对研发投资具有显著影响

第四章　研究设计

在提出了研究假设后，我们根据本书的需要确定了研究样本、选择了研究变量和设定了研究模型，为随后的实证分析奠定必要的基础。

第一节　研究样本

一、样本选择

与其他发达国家相比，我国企业的研发投资水平处于相对较低的水平。2009 年《第二次全国 R&D 资源清查》数据显示：OECD 国家的研发投入占国内生产总值水平的平均值约为 2.29%，而中国的平均值为 1.52%。2011 年科技部最新统计数据显示，我国研发投入占国内生产总值的比重也仅为 1.84%，高于 2010 年的 1.76%，但远远低于发达国家 3%的平均水平。

同时，2011 年科技部最新的统计数据显示，我国制造业的 R&D 经费投入强度（研发投入与主营业务收入之比）为 0.78%，高于采矿业的 0.41%和电、气、水的生产和供应业的 0.09%。其中，制造行业内的 R&D 经费投入强度也存在较大的差异，最高的行业是仪器仪表及文化、办公用机械制造业，为 1.62%；投入强度在 1%~1.5%的行业分别是通信设备、计算机及其电子设备制造业（1.48%）、医药制造业（1.46%）、专用设备制造业（1.40%）、电气机械及器材制造业（1.25%）、交通运输设备制造业（1.25%）和通用设备制造业（1.01%）。

结合前几年的相关统计数据看，我国研发活动主要集中在制造行业，其他相关行业相对较少。因此，本书在选择研究样本时，将制造业作为本书的样本范围。

二、样本筛选

本书选取 2005~2008 年我国制造业上市公司作为研究样本，并按照以下标准剔除了部分样本：

（1）没有研发数据的上市公司。研发投资属于上市公司自愿披露项目，并非所有的上市公司都披露当年的研发投资。因此我们剔除没有研发投资数据的部分上市公司。

（2）经营现金流为负的上市公司。经营活动现金流为负，表明其主要业务的情况并不理想，其自身的经营状况并不稳健，经营活动并不能为企业的正常运营创造足够的现金流，从而也无法保证企业进行投资活动。

（3）经营毛利率为负的上市公司。经营毛利为负，说明上市公司的主要业务本身处于亏损状态，无法保证企业持续经营的能力，从而也不能保证企业的持续生存能力和相关投资能力。

（4）CEO 任期小于 1 年的上市公司。总经理的更替必然导致其报酬水平发生非正常的变化，往往会改变报酬水平特别是持股水平，甚至总经理的更替往往意味着高管团队的重要变动，所有这些都会影响到企业的正常运营和相关决策。

（5）根据 Lin 等（2011）、李春涛和宋敏（2010）的方法，将董事会、董事长、管理层和总经理的持股比例限定在小于50%的范围内，这样上述主体则基本上属于职业经理人的范畴，将持股比例超过50%的样本予以剔除。

（6）相关数据和指标缺失的上市公司。除了主要自变量外，本书还涉及众多的控制变量，而一些上市公司缺少有关控制变量的数据。

按照上述标准进行筛选，最后我们得到 2005~2008 年共 891 家制造类上市公司的研究样本。

本书的研发支出和部分控制变量的数据是通过逐一阅读上市公司年报手工录取，而其他研究数据主要来自于 CSMAR 数据库和 CCERDATA 数据库。为了减少离群值（Outlier）对回归的影响，我们对主要变量进行了1%的 Winsorize 处理。

第二节　研究变量的设定

一、因变量

如何度量研发活动一直是十分重要的命题，为此 Griliches 等（1988）对现有的主要度量方法进行了评述[363]。在现有各种度量指标中，本书主要采用研发强度这一指标度量研发投资。

从已有的研究文献看，国内外研究主要采用两种方式度量研发强度：①研发支出/主营业务收入；②研发支出/总资产。其中，多数研究都采用研发支出/主营业务收入这一指标度量研发投资，少数研究采用研发支出与总资产的比。

遵循国内外相关研究主要方法，本书采用研发强度（研发支出/营业收入）作为度量企业研发活动或研发投资的指标，而研发支出数据为上市公司的开发支出、现金流量表中的明细项和管理层讨论中的披露数字，不包括待摊费用、无形资产等项目。

二、自变量

（一）终极所有权与终极控制权

目前研究中普遍应用的计算终极控制权的方法主要有两类：①最弱联系法（The Weakest-link Principle）；②投票指数法（Voting Power Indices）。虽然现有的两种方法都存在缺陷和不足，但目前国外主要研究仍采用上述两种方法。

最弱联系法（WLP）是由 La Porta 等（1999）提出，之后 Claessens 等（2000，2002）、Faccio 和 Lang（2002）、Faccio 等（2001）经过一系列的努力将其完善并加以应用，成为常见的度量终极控制权的方法。最弱联系法认为，只要存在一个股东持有高于某一水准的控股权，那么就存在终极控股股东，而这一水准是 5%~20%不等的控股权。Faccio 和 Lang（2002）对此举例说明，假设一个公司 X 拥有 15%的 Y 企业的股权，而同时 Y 拥有 20%的 Z 公司的股权，如果以 10%为控制标准，那么 X 公司通过金字塔结构控股 Z 公司；如果以 20%为控制标准，则 X 公司直接控股 Z 公司。

投票指数法主要用来度量股东所持有的控制权比例，曾被应用于公司治理研究中（Leech，1988，2002；Pohjola，1988；Rydqvist，1986；Zingales，1994；Zwiebel，1995），但很少用来

度量金字塔结构的企业控制权。其中，最著名的投票指数法是 Shapley 和 Shubik（1954）指数、Banzhaf（1965）指数，在我国的研究中也有所应用（安灵等，2008）。

从目前来看，国内外度量终极控制权比例的主要方法仍是最弱联系法（WLP），由此本书沿袭国内外主要研究方法，仍采用最弱联系法度量上市公司的终极控制权比例，具体的研究数据来自于国泰安数据库（CSMAR）。

（二）超额控制权

随着终极控制权这一概念的普及，学者逐渐发现终极控股股东的现金流权（所有权）和控制权分离的情况十分普遍，由此提出了现金流权和控制权两权分离的概念，或者直接命名为超额控制权。其计算的基础是终极控制权和终极所有权，只有得到终极控制权和终极所有权的数据，才能进一步计算超额控制权。现有研究中普遍使用的超额控制权的计算方法主要有两种：

（1）比值法。这一方法是由 Lemmon 和 Lins（2003）、Lins（2003）、Harvey 等（2004）等提出并使用，即用终极控股股东的控制权（投票权）与现金流权（所有权）的比率。

$$超额控制权=\frac{实际控制人的控制权（投票权）}{实际控制人的现金流权（所有权）}$$

（2）差值法。这一方法是由 Claessens 等（2002）、Villalonga 和 Amit（2006）、GIM（2010）等提出并使用，即用终极控股股东的控制权（投票权）与现金流权（所有权）的差值。

超额控制权 = 实际控制人的控制权（投票权）- 实际控制人的现金流权（所有权）

根据国内外现有研究现状，本书采用上述两种方法计算超额控制权，并应用到实证分析中完成稳健性检验。

（三）股权激励

股权激励在国外的实践和研究中主要是指股票期权计划（Stock Option Plan），在我国也曾采用过股票期权的形式，但并不普遍。在本书中，我们根据年报披露的数据，采集了高管团队（高层管理者、董事和监事）的持股水平作为股权激励的度量指标，不论其股票是通过二级市场购入还是通过股票期权激励或奖励而获得。

只要高管人员手中持有本公司的股票，则其利益与公司业绩就绑定在一起，从而对高管人员形成实质性的激励。

三、控制变量

研发投资是企业的一项重要经营活动和决策，因此受到很多因素的影响。在前面的文献综述中，我们可以发现：企业基本特征、高管团队和公司治理要素都会对公司研发投资产生影响。

根据国内外相关研究文献，特别是国内已有的研究，我们选择以下变量作为控制变量：

（1）企业规模。刘国新和李勃[364]（2001）、徐侠等（2009）、刘笑霞和李明辉[365]（2009）都认为，企业规模与研发强度或创新投入正相关。胡永平和何建国[366]（2007）认为两者负相关。皮永华和宝贡敏（2008）认为两者无关。另外，还有部分研究认为，企业规模与企业R&D投入强度呈倒“U”形关系。安同良等（2010）认为，R&D强度与企业规模之间呈“V”形关系。金玲娣和陈国宏（2011）则发现，上海企业的R&D投入强度随企业规模的扩大先递减后递增而后又递减。

（2）政府支持。我国学者主要研究政府资助（政府投入）对企业研发的影响，研究发现，政府的科技资助与企业研发投入正相关。只有朱平芳和徐伟民（2011）利用上海市 32 个行业的面板数据研究发现，政府的税收减免对企业增加自筹的 R&D 投入具有积极效果。

（3）出口情况。黄鲁成等[371]（2005）利用我国宏观经济数据研究发现，高技术产品进出口额与我国研发支出正相关。与之相反，刘笑霞和李明辉（2009）认为出口导向与研发强度负相关。

（4）企业盈利。徐侠等（2009）利用高技术产业 10 年的面板数据研究发现，行业利润与企业研发支出存在显著正相关关系。刘笑霞和李明辉（2009）利用我国制造企业截面数据发现，盈利情况与研发强度负相关。

（5）负债水平。张宗溢和张湄[372]（2007）研究发现，资产负债率与研发支出负相关。但刘笑霞和李明辉（2009）则认为，财务杠杆与研发活动不存在显著关系。

（6）地理位置。刘笑霞和李明辉（2009）还发现，地区经济发展水平、外商投资与研发强度之间显著正相关。

（7）股权集中度。冯根福和温军（2008），股权集中度与企业技术创新存在倒“U”形关系。任海云（2010）认为，股权集中度与 R&D 投入正相关，而非“U”形关系。

除了上述变量，为了控制行业因素和经济周期对企业研发投资决策的影响，我们采用行业虚拟变量和时间虚拟变量对行业因素及经济周期因素进行控制。上述各控制变量的数据和信息均来源于国泰安数据库，或者手动收集上市公司年报而得。

最后，我们将本书所设计的主要变量，各变量的内涵和相对应的计算方法都汇总到表 4-1 中。

表 4-1 主要变量及具体定义

变量类型	变量名称	变量代码	具体内容和数据来源
因变量	研发强度	RD	研发强度=研发费用/营业收入，其中研发费用主要来自于现金流量表“支付的其他与经营活动有关的现金”细项，包括研发费、研究发展费、新产品试制费、技术开发费等，以及管理层讨论中披露的研发费用
自变量	终极所有权	Ultimate Ownership	
	终极控制权	Ultimate Control Right	按照 Laport 等（1999）的 WLP 法计算上市公司实际控制人持有的控制权，用来衡量终极控股股东的实际影响力，来源于国泰安数据库
	超额控制权	Excess Control Right	超额控制权=终极控制权-现金流权（所有权），其中终极控制权根据 WLP 方法计算得到，用来衡量超额控制权的程度，来源于国泰安数据库
	股权激励	Ownership Incentive	主要高管人员（管理层、董事会、监事会）本公司的持股占比，用来衡量高管人员的股权激励程度，来源于国泰安数据库
控制变量	股权集中度	Cr5	上市公司前五大股东所持有的股权比例之和，用来控制股权集中度对研发活动的影响
	地理位置	Location	将企业的工商注册地所在省份作为其地理位置，并根据樊纲等《中国市场化指数 2009》中各省份的得分确定各公司的基本得分
	人力资源	HR	大专以上学历占全部员工的百分比
	出口情况	Export	虚拟变量，有出口业务为 1，没有为 0；来自于报表“主营业务收入”
	负债水平	Leverage	资产负债率，控制负债水平的影响，来源于国泰安数据库
	企业年龄	Age	企业成立的时间
	企业规模	Size	总资产的自然对数，控制企业规模的影响，来源于国泰安数据库
	盈利能力	Profit	经营毛利率，控制盈利水平的影响，来源于国泰安数据库
	现金流	Cashflow	企业经营活动现金流净额/总资产，控制现金流的影响
	行业	Ind	虚拟变量，采用行业虚拟变量来控制具体行业的影响，行业划分按照中国证监会 CSRC 2001 年行业分类方法中的二级指标进行分类
	宏观经济	Time	虚拟变量，采用年度虚拟变量来控制宏观经济变化的影响

第三节 研究模型的设定

根据本书假设和相关样本及变量的选择，我们选择使用OLS回归方法对第三章中的各项命题和相关研究假设进行分析和验证，由于研究内容和研究对象的不同，本书所采用的模型主要分为两个部分。

一、终极所有权与激励冲突的模型

这部分的研究模型主要是用来分析和验证终极所有权、股权激励对研发投资的影响，然后进一步分析终极所有权、终极控制权与激励冲突可能对研发投资的影响，因此我们设定的研究模型如下所示。

$$RD = \alpha + \beta_1 UO + \beta_2 OI_i + \beta_3 Cr5 + \beta_4 Location + \beta_5 HR + \beta_6 Export + \beta_7 Leverage + \beta_8 Age + \beta_9 Size + \beta_{10} Profit + \beta_{11} Cash + \beta_{12} Industry + \beta_{13} Time \tag{4-1}$$

$$RD = \alpha + \beta_1 UO + \beta_2 OI_i + \beta_3 UO \times OI_i + \beta_4 Cr5 + \beta_5 Location + \beta_6 HR + \beta_7 Export + \beta_8 Leverage + \beta_9 Age + \beta_{10} Size + \beta_{11} Profit + \beta_{12} Cash + \beta_{13} Industry + \beta_{14} Time \tag{4-2}$$

式中，根据研究对象的不同，股权激励 OI_i 细分为总经理、高管团队、董事长、董事会这几个方面。

二、终极控制权与激励冲突的模型

我们根据前文的假设和相关研究变量的确定，采用OLS回归方法检验终极控制权、股权激励对研发投资的影响，进一步分析终极控制权与股权激励的冲突对研发投资的影响，因此设定以下研究模型。

$$RD = \alpha + \beta_1 UC + \beta_2 OI_i + \beta_3 Cr5 + \beta_4 Location + \beta_5 HR + \beta_6 Export + \beta_7 Leverage + \beta_8 Age + \beta_9 Size + \beta_{10} Profit + \beta_{11} Cash + \beta_{12} Industry + \beta_{13} Time \quad (4-3)$$

$$RD = \alpha + \beta_1 UC + \beta_2 OI_i + \beta_3 UC \times OI_i + \beta_4 Cr5 + \beta_5 Location + \beta_6 HR + \beta_7 Export + \beta_8 Leverage + \beta_9 Age + \beta_{10} Size + \beta_{11} Profit + \beta_{12} Cash + \beta_{13} Industry + \beta_{14} Time \quad (4-4)$$

第四节　小　结

本章主要对本书的实证研究进行了详细的介绍，首先介绍了本书样本的主要来源和筛选标准，其次详细介绍了研究涉及的自变量、因变量和控制变量的定义和计量方法，并根据上一章中的主要研究假设提出了本书所采用的主要理论模型和方程，由此构建了本书实证研究的主要基础，并为下一章的研究奠定了必要的基础。

第五章　实证分析与检验

在第三章中，我们根据理论模型的分析结果和相关研究文献提出了本书的主要假设，在第四章中我们确定了研究样本、研究变量和基本模型。在本章中，我们将使用收集的相关数据实证分析和检验本书提出的相关研究假设和命题，从而分析和探讨终极所有权、终极控制权以及超额控制权与高管激励之间的冲突是否存在，以及这一冲突对研发投资的影响及效果。

第一节　终极所有权与高管股权激励冲突对研发投资的影响

本节将主要分析终极所有权与高管激励可能存在的潜在冲突，以及这些冲突可能对企业研发投资的实际影响。根据激励的主体不同，本节内容主要分为：①终极所有权与董事会激励的冲突及对研发投资的影响；②终极所有权与管理层激励的冲突及其对研发投资的影响。

一、终极所有权与董事会激励的冲突

从描述性统计的结果（见表 5-1）可以看出：

（1）2005~2008 年我国上市公司的研发强度均值为 1.33%，与我国整体的研发投入水平基本接近，说明本书研究样本具有较好的代表性。同时，研发强度的标准差远大于均值水平，说明我国上市公司的研发投入存在较大的差异。

（2）董事会成员持股比例的均值为 2.37%，标准差为 7.53%，说明我国董事会全体成员的持股比例较低，而且公司之间存在较大的差异。

（3）董事长持股比例的均值为 1.61%，标准差为 5.74%，说明我国上市公司的董事长多数持股较少，基本属于职业经理人而非公司的股东，而且各公司的董事长持股比例也存在较大的差异。

（4）终极所有权的均值为 31.93%，标准差为 17.32%，说明我国上市公司终极控股股东所持有的所有权比例较高，且差异较小，这意味着我国股权相对集中，控制人的现象比较普遍，而且终极控股股东的现金流权比较高。

表 5-1 描述性统计

变量	观察值	均值	标准差	最小值	最大值
研发强度 RDs	888	0.0133	0.0215	0.000001	0.186
研发强度 RDa	888	0.00979	0.0149	0.000002	0.120
董事会持股比例	888	0.0237	0.0753	0	0.490
董事长持股比例	888	0.0161	0.0574	0	0.415
终极所有权	884	0.3193	0.1732	0.00239	0.92
股权集中度	888	0.5466	0.1386	0.1527	0.9350

续表

变量	观察值	均值	标准差	最小值	最大值
地理位置	888	0.768	0.422	0	1
人力资源	888	0.31798	0.183636	0	1
出口情况	888	0.637	0.481	0	1
负债水平	888	0.491	0.269	0.0329	0.03873
盈利能力	888	0.232	0.144	-0.0595	0.902
企业年龄	888	0.1034	0.03874	0.02	0.22
企业规模	888	0.2143	0.00998	0.1803	0.2602
现金流	888	0.0747	0.0547	0.000470	0.433

除了上述主要自变量外，其他变量的描述性统计也反映了我国上市公司的其他特征：本书研究样本多来自于沿海发达地区，且多数都有出口业务，不过样本公司在人力资源、负债水平、盈利能力、企业年龄、企业规模和现金流这些方面的差异较小。

为了避免共线性的问题，本书分析了各变量之间的相关性系数和置信水平（见表 5-2），所有变量之间的相关系数都小于 0.5，基本上可以排除共线性问题。此外，我们检查了各回归模型的膨胀因子 VIF，各模型的膨胀因子 VIF 均小于 10，也表明回归方程不存在共线性问题。

本书以 2005~2008 年共 884 家制造类上市公司 Pool 数据为样本，运用统计软件 STATA11.0 分析了终极所有权、董事会持股、董事长持股对企业研发投资的影响，据此，我们进一步分析了终极所有权与董事会、董事长的股权激励之间的冲突，以及这些冲突可能对企业研发投资产生的影响和结果，具体分析结果见表 5-3。

表 5-2 相关系数矩阵

	1	2	3	4	5	6	7	8	9	10	11	12
董事会持股比例	1											
董事长持股比例	0.446***	1										
终极所有权	-0.061*	-0.00800	1									
股权集中度	-0.0270	-0.0330	0.486***	1								
地理位置	0.134***	0.069**	-0.0390	-0.0420	1							
人力资源	0.125***	0.078**	-0.00800	0.0130	-0.067**	1						
出口情况	0.0450	-0.0410	-0.058*	-0.0370	0.068**	-0.230***	1					
负债水平	-0.125***	-0.0150	-0.089***	-0.150***	-0.0210	-0.069**	-0.0270	1				
盈利能力	0.165***	0.0210	-0.0240	0.116***	-0.0280	0.433***	-0.148***	-0.218***	1			
企业年龄	-0.262***	-0.111***	-0.199***	-0.332***	0.083**	-0.072**	-0.0100	0.224***	-0.128***	1		
企业规模	-0.180***	0.062*	0.174***	0.079**	-0.077**	-0.0360	0.056*	0.115***	-0.216***	0.163***	1	
现金流	0.0430	0.091***	0.0250	0.087***	0.00800	0.0410	-0.088***	-0.093***	0.191***	0.0140	-0.0380	1

注：*、**、*** 分别代表双尾检验在 10%、5%、1%水平上显著。

表 5-3　终极所有权、董事会激励与研发投资

	因变量：研发投入/营业收入			
	模型 1	模型 2	模型 3	模型 4
终极所有权	−0.0001** (−2.29)	−0.0001*** (−3.30)	−0.0001** (−2.52)	−0.0001*** (−3.67)
董事会持股比例	0.0501*** (5.69)	0.0467*** (5.28)		
董事会持股比例×终极所有权		−0.0017*** (−2.73)		
董事长持股比例			0.0528*** (5.02)	0.0615*** (5.71)
董事长持股比例×终极所有权				−0.0029*** (−3.60)
股权集中度 Cr5	0.0001*** (2.80)	0.0002*** (3.05)	0.0001** (2.51)	0.0001*** (2.81)
地理位置	0.00150 (1.11)	0.0016 (1.16)	0.00190 (1.39)	0.0018 (1.35)
人力资源	0.0177*** (4.64)	0.0187*** (4.89)	0.0175*** (4.59)	0.0189*** (4.97)
出口情况	0.00200 (1.54)	0.0021* (1.67)	0.00200 (1.57)	0.0021* (1.68)
负债水平	−0.0065*** (−2.94)	−0.0063*** (−2.86)	−0.0067*** (−2.99)	−0.0064*** (−2.91)
盈利能力	0.0353*** (6.89)	0.0338*** (6.58)	0.0365*** (7.17)	0.0347*** (6.82)
企业年龄	−0.0005*** (−2.67)	−0.0004*** (−2.58)	−0.0005*** (−3.03)	−0.0005*** (−2.81)
企业规模	−0.0024*** (−3.93)	−0.0025*** (−4.04)	−0.0024*** (−3.82)	−0.0024*** (−3.97)
现金流	0.0131 (1.19)	0.0124 (1.14)	0.0128 (1.17)	0.0119 (1.09)
时间变量	控制	控制	控制	控制
行业	控制	控制	控制	控制
常数项	0.0197 (0.94)	0.0191 (0.92)	0.0467** (2.18)	0.0453** (2.12)
观察值	884	884	890	890

续表

	因变量：研发投入/营业收入			
	模型 1	模型 2	模型 3	模型 4
Adj-R^2	0.419	0.423	0.425	0.433
F 值	21.55	21.27	22.24	22.25
Mean VIF	1.31	1.31	1.33	1.29

注：*、**、*** 分别代表双尾检验在 10%、5%、1%水平上显著；我们对上面的自变量都做了中心化处理。

由表 5-3 的回归结果，我们可以发现，各回归模型的 F 值和 Adj-R^2 都处在较好的水平，同时各模型中主要自变量的系数说明如下：

（1）模型 1 中终极所有权的系数为-0.0001 < 0，在 5%的置信水平下显著，说明终极控股股东的现金流权与研发投资显著负相关，证实了本书的研究假设 H1a。如前文所述，由于大股东与中小股东、管理层的利益并不完全一致，因此终极控股股东有动机、有能力实现其控制权私人收益，因此终极控股股东会通过现金流权来减少研发投入，增加企业的现金存量，为其“攫取”活动创造便利条件。

同时，模型 1 中董事会持股比例的系数为 0.0501 > 0，在 1%的置信水平下显著，说明董事会持股与企业研发投资显著正相关，董事会持股能够改变董事会的“经营视野”，减少短期行为，增加企业的研发投资，提升企业的长期盈利能力和发展潜力，即本书的研究假设 H2a 得到证实。

综合上述两个变量的系数，我们可以发现，董事会持股激励这一措施支持企业增加研发投资，同时终极所有权会减少研发投资，所以受激励的董事会与终极控股股东之间存在明显的利益冲突，这一结果也证实了我们在第三章中理论分析的基本判断。

（2）模型 2 中董事会持股比例 × 终极所有权这一交互项的系数为 $-0.0017 < 0$，在 1%的置信水平下显著，说明终极控股股东的现金流权会显著影响董事会的股权激励与研发投资的关系，即终极所有权是董事会股权激励与研发投资关系的调节变量。进一步结合模型 1 中终极所有权、董事会持股比例的系数，我们认为：终极控股股东会通过行使现金流权而实现其私人收益，这样会减少研发投资，损害公司长期盈利水平和竞争力，从而损害到上市公司其他相关利益主体的收益，特别是受股权激励的董事会的利益，因为股权激励改变了董事会的短期行为，更支持增加研发投资。模型 2 中交互项的系数小于 0 且十分显著，表明受到终极控股股东的压力，董事会成员的股权激励效果将受到影响。这一结果证实了本书的研究假设 H3a。

模型 1 的研究结果表明，终极控股股东减少研发投资，董事会成员的股权激励更支持研发投资，两者之间存在明显的利益分歧。而模型 2 的结果表明，当终极控股股东与董事会存在利益分歧和冲突时，终极控股股东凭借手中的终极所有权能够继续其掠夺行为，董事会持股对研发投资的激励因此会受到终极控股股东现金流权的影响而有所减弱。

（3）模型 3 中终极所有权的系数为 $-0.0001 < 0$，在 5%的置信水平下显著，说明终极控股股东的现金流权与研发投资显著负相关，再次证实了本书的研究假设 H1a，即终极控制权具有“攫取效应”。

同时，董事长持股比例的系数 $0.0528 > 0$，在 1%的置信水平下显著，说明董事长持股比例与企业研发投资显著正相关，董事长持股会提升上市公司的研发投资，从而证实了本书的研究假设 H2b。

由此，我们可以发现，终极控股股东会减少研发投资，而受股权激励的董事长会增加研发投资，说明在研发投资上两者之间存在明显的利益冲突，这一结果也证实了我们在第三章中理论分析的基本判断。特别值得强调的是，在股权激励有效解决了股东—管理层代理问题的同时，董事长的股权激励会引起新的代理问题：董事长与终极控股股东之间的利益冲突。

（4）模型 4 中，董事长持股比例 × 终极所有权这一交互项的系数为 $-0.0029 < 0$，在 1%的置信水平下显著，说明终极控股股东的现金流权会显著影响董事长的股权激励与研发投资的关系，即终极所有权是董事长股权激励与研发投资两者关系的调节变量。结合模型 3 中终极所有权、董事长持股比例的系数，我们可以发现，终极控股股东凭借手中的现金流权会减少研发投资，而董事长的股权激励会提升企业的研发投资，但董事长持股对研发投资的激励效果会因为终极控股股东的攫取行为而有所减弱，这一结果证实了本书的研究假设 H3b。

模型 3 的研究结果表明，终极控股股东的“隧道效应”会减少研发投入，而董事长的持股激励会增加研发投入，终极控股股东与受激励的董事长之间存在明显的利益冲突，而模型 4 的结果表明，当终极控股股东与董事会存在利益冲突时，终极控股股东的掠夺行为并不会改变，会减少企业的研发投资，董事长股权激励对研发投资的促进效应受到终极控股股东现金流权的影响而有所减弱。

综上所述，我们发现，首先，终极控股股东为了实现控制权私人收益，会减少企业的研发投入，即终极所有权在研发投资上具有“隧道效应”；其次，包括董事会、董事长在内的高管的股权激励可以有效减少短期行为，增加企业的研发投资；再

次，在研发投资上，终极控股股东和受激励的董事会、董事长存在明显的利益分歧；最后，终极控股股东与董事会、董事长之间的利益分歧会影响到企业的研发投资，也就是说为了实现自身收益，终极控股股东会通过手中的现金流权而对上市公司进行掠夺，这一效果除了直接影响到企业的投资外，还会损害董事会、董事长股权激励的效果。即使董事会、董事长因为持股而减少短期行为，但受到终极控股股东的压力，仍会减少研发投资而损害企业的长期利益。

总之，上述实证分析表明，终极控股股东与董事会、董事长确实存在利益分歧和冲突，但终极控股股东的掠夺行为并不会发生显著改变，相反，董事会、董事长的股权激励效果会受到影响。究其原因，主要是因为终极控股股东通过行使现金流权可以决定董事会的构成、报酬水平、激励措施等内容，所以董事会以及董事长必然会受到终极控股股东的影响和压力，即便自身利益受到损害，董事会以及董事长最终仍会向终极控股股东妥协。

为了检验本书主要结论的稳健性，我们采用研发投入/总资产这一指标度量研发强度，将之前的实证分析过程重复后得到以下结果，由表 5-4 可知，所有主要变量与因变量的相关关系没有根本性改变，说明本书的研究结论具有较好的稳定性。

表 5-4　稳健性检验

	因变量：研发投入/总资产			
	模型 1	模型 2	模型 3	模型 4
终极所有权	−0.0001*** (−3.05)	−0.0001*** (−3.84)	−0.0001*** (−3.24)	−0.0001*** (−3.72)
董事会持股比例	0.0352*** (5.17)	0.0216*** (3.83)		

续表

	因变量：研发投入/总资产			
	模型 1	模型 2	模型 3	模型 4
董事会持股比例×终极所有权		-0.0010*** (-2.61)		
董事长持股比例			0.0326*** (3.97)	0.0360*** (4.29)
董事会持股比例×终极所有权				-0.0012* (-1.92)
股权集中度 Cr5	0.0002*** (4.04)	0.0001*** (3.88)	0.0001*** (3.69)	0.0001*** (3.84)
地理位置	0.0018* (1.68)	0.0021** (1.98)	0.0021** (1.97)	0.0020* (1.95)
人力资源	0.0139*** (4.71)	0.0143*** (4.82)	0.0138*** (4.65)	0.0143*** (4.83)
出口情况	0.00130 (1.32)	0.0014 (1.40)	0.0013 (1.29)	0.0013 (1.34)
负债水平	-0.0041** (-2.38)	-0.004** (-2.34)	-0.0042** (-2.43)	-0.0041** (-2.38)
盈利能力	0.0083** (2.11)	0.0080** (2.04)	0.0089** (2.27)	0.0082** (2.06)
企业年龄	-0.0004*** (-2.96)	-0.0004*** (-3.20)	-0.0004*** (-3.36)	-0.0004*** (-3.23)
企业规模	-0.0009* (-1.96)	-0.0010** (-1.99)	-0.0009* (-1.89)	-0.0009* (-1.95)
现金流	0.0260*** (3.07)	0.0270*** (3.19)	0.0271*** (3.19)	0.0267*** (3.15)
时间变量	控制	控制	控制	控制
行业	控制	控制	控制	控制
常数项	0.0005 (0.03)	0.0105 (0.63)	0.0135 (0.81)	0.0114 (0.68)
观察值	884	891	890	890
Adj-R^2	0.269	0.263	0.261	0.263
F 值	11.47	10.90	11.10	10.91
Mean VIF	1.28	1.30	1.31	1.33

注：*、**、*** 分别代表双尾检验在 10%、5%、1%水平上显著；我们对上面的自变量都做了中心化处理。

二、终极所有权与管理层激励的冲突

在现代企业中，管理团队负责企业的实际经营和运作，是企业的主要经营者。根据 Berle 和 Means（1932）的观点，管理层与股东的利益分歧较大，存在明显的代理问题。而管理层持股可以有效地激励管理层，这样引导管理层根据股东的要求进行管理和经营，协调双方的利益和追求，实现管理层与股东利益的共同成长。

如表 5-5 所示，从描述性统计的结果可以看出：

（1）2005~2008 年我国上市公司的研发强度均值为 1.33%，与我国整体的研发投入水平基本接近，说明本书的研究样本具有较好的代表性，同时研发强度的标准差远大于均值水平，说明我国上市公司的研发投入存在较大的差异。

（2）高管团队持股比例的均值为 2.44%，标准差为 7.56%，说明我国高管团队全体成员的持股比例较低，而且公司之间存在较大的差异。

（3）总经理持股比例的均值为 0.0301%，标准差为 1.30%，说明我国上市公司的总经理持股较少，而且总经理的持股比例也存在较大的差异。

（4）终极所有权的均值为 31.9084%，标准差为 17.347%，说明我国上市公司终极控股股东所持有的所有权比例较高，且差异较小，这意味着我国股权相对集中，控制人的现象比较普遍，而且终极控股股东的现金流权比较高。

除了上述主要自变量外，其他变量的描述性统计也反映了我国上市公司的其他特征：本书研究样本多来自于沿海发达地区，且多数都有出口业务，不过样本公司在人力资源、负债水

表 5-5　描述性统计

变量	观察值	均值	标准差	最小值	最大值
研发强度 RDs	885	0.0133	0.0215	0.00000131	0.186
研发强度 RDa	885	0.00978	0.0149	0.00000155	0.120
管理层持股比例	885	0.0244	0.0756	0	0.498
总经理持股比例	885	0.00301	0.0130	0	0.0983
终极所有权	881	0.319084	0.17347	0.239	0.92
股权集中度	885	0.5466	0.1388	0.1527	0.9350
地理位置	885	0.767	0.423	0	1
人力资源	885	0.317	0.183	0	1
出口情况	885	0.636	0.481	0	1
负债水平	885	0.491	0.269	0.0329	0.03873
盈利能力	885	0.232	0.144	-0.0595	0.902
企业年龄	885	0.1035	0.03874	0.02	0.22
企业规模	885	0.2143	0.00998	0.1803	0.2602
现金流	885	0.0748	0.0548	0.000470	0.433

平、盈利能力、企业年龄、企业规模和现金流方面的差异较小。

为了避免共线性的问题，本书分析了各变量之间的相关性系数和置信水平（见表 5-6），除了高管团队持股比例与总经理持股比例的相关系数为 0.527 外，所有变量之间的相关系数都小于 0.5，不过由于高管团队持股比例和总经理持股比例不会同时出现在回归模型中，所以基本上可以排除共线性问题。此外，我们检查了各回归模型的膨胀因子 VIF，各模型的膨胀因子 VIF 均小于 10，也表明回归方程不存在共线性问题。

本书以 2005~2008 年共 885 家制造类上市公司 Pool 数据为样本，运用统计软件 STATA11.0 分析了终极所有权、高管团队持股、总经理持股对企业研发投资的影响。据此，我们进一步分析了终极所有权与董事会、董事长的股权激励之间的利益冲突，以及这些冲突对企业研发投资产生的影响，具体分析结果见表 5-7。

表 5-6　相关系数矩阵

	1	2	3	4	5	6	7	8	9	10	11	12
管理层持股比例	1											
总经理持股比例	0.527***	1										
终极所有权	-0.077**	-0.132***	1									
股权集中度	-0.0310	-0.117***	0.486***	1								
地理位置	0.128***	0.094***	-0.0400	-0.0420	1							
人力资源	0.112***	-0.0310	-0.00900	0.0150	-0.070**	1						
出口情况	0.0380	0.0320	-0.059*	-0.0370	0.067**	-0.234***	1					
负债水平	-0.120***	-0.091***	-0.088***	-0.151***	-0.0200	-0.064*	-0.0260	1				
盈利能力	0.162***	0.079**	-0.0250	0.117***	-0.0290	0.430***	-0.150***	-0.216***	1			
企业年龄	-0.264***	-0.159***	-0.198***	-0.333***	0.085**	-0.071**	-0.00800	0.224***	-0.127***	1		
企业规模	-0.177***	-0.132***	0.176***	0.079**	-0.076**	-0.0320	0.058*	0.113***	-0.214***	0.161***	1	
现金流	0.0490	0.057*	0.0260	0.087***	0.00900	0.0460	-0.087***	-0.095***	0.193***	0.0140	-0.0390	1

注：*、**、*** 分别代表双尾检验在 10%、5%、1%水平上显著。

表 5-7　终极所有权、管理层激励与研发投资

	因变量：研发投入/营业收入			
	模型 1	模型 2	模型 3	模型 4
终极所有权	-0.0001** (-2.23)	-0.0001*** (-3.28)	-0.00005* (-1.69)	-0.0001* (-1.78)
管理层持股比例	0.0504*** (5.98)	0.0467*** (5.50)		
管理层持股比例×终极所有权		-0.0016*** (-2.70)		
总经理持股比例			0.0589* (1.82)	0.0185 (0.35)
总经理持股比例×终极所有权				-0.0006 (-0.18)
股权集中度 Cr5	0.0001*** (2.84)	0.0002*** (3.08)	0.0001*** (2.67)	0.0001** (2.32)
地理位置	0.00150 (1.08)	0.0015 (1.14)	0.0012 (1.19)	0.0024* (1.74)
人力资源	0.0175*** (4.59)	0.0185*** (4.84)	0.0139*** (5.11)	0.0172*** (4.44)
出口情况	0.00190 (1.48)	0.00200 (1.61)	0.0026*** (2.89)	0.0025* (1.90)
负债水平	-0.0065*** (-2.94)	-0.0063*** (-2.86)	-0.0042*** (-2.65)	-0.0068*** (-3.02)
盈利能力	0.0351*** (6.86)	0.0336*** (6.56)	0.0208*** (5.71)	0.0380*** (7.38)
企业年龄	-0.0004*** (-2.58)	-0.0004** (-2.51)	-0.0006*** (-4.83)	-0.0007*** (-3.90)
企业规模	-0.0024*** (-3.86)	-0.0024*** (-3.96)	-0.0021*** (-4.78)	-0.0027*** (-4.29)
现金流	0.0137 (1.26)	0.0133 (1.22)	0.0067 (0.86)	0.0142 (1.28)
时间变量	控制	控制	控制	控制
行业	控制	控制	控制	控制
常数项	0.0384* (1.79)	0.0394* (1.83)	0.0245* (1.66)	0.0536** (2.45)
观察值	881	881	881	891

续表

	因变量：研发投入/营业收入			
	模型 1	模型 2	模型 3	模型 4
Adj-R^2	0.420	0.424	0.356	0.410
F 值	22.26	21.93	17.20	20.33
Mean VIF	1.29	1.31	1.33	1.34

注：*、**、*** 分别代表双尾检验在 10%、5%、1%水平上显著；我们对上面的自变量都做了中心化处理。

由表 5-7 的回归结果可以发现，各回归模型的 F 值和 Adj-R^2 都处在较好的水平，同时各模型中主要自变量的系数说明如下：

（1）模型 1 中终极所有权的系数为-0.0001 < 0，在 5%的置信水平下显著，说明终极控股股东的现金流权与研发投资显著负相关，再次证实了本书的研究假设 H1a。

同时，模型 1 中管理层持股比例的系数为 0.0504 > 0，在 1%的置信水平下显著，说明管理层持股与企业研发投资显著正相关，管理层持股能够改变管理团队的“经营视野”，减少短期行为，增加企业的研发投资，提升企业的长期盈利能力和发展潜力，从而证实了本书的研究假设 H2c。

综合终极所有权和管理层持股比例两者的系数，我们可以发现，终极所有权会减少研发投资，而受激励的管理层持股比例会增加研发投资，因此可以说，终极控股股东与受激励的管理层存在明显的利益冲突，这一结果也证实了我们在第三章中理论分析的基本判断。

（2）模型 2 中管理层持股比例 × 终极所有权这一交互项的系数为-0.0016 < 0，在 1%的置信水平下显著，说明终极控股股东的现金流权会显著影响管理层股权激励与研发投资的关系，即终极所有权是管理层股权激励与研发投资关系的调节变量。

进一步结合模型1中终极所有权、管理层持股的系数，我们认为：终极控股股东会通过行使现金流权而实现其私人收益，从而减少研发投资，损害公司长期盈利水平和竞争力，进而损害到上市公司其他相关利益主体的收益。特别是对于享受股权激励的管理层而言，虽然股权激励改变了管理层的短期行为，但受制于终极控股股东的压力，管理层的股权激励效果将有所减弱，这一结果证实了本书的研究假设H3c。

模型1的研究结果表明，终极控股股东与管理层成员之间存在利益分歧。模型2的结果表明，当终极控股股东与管理层存在利益分歧和冲突时，终极控股股东并不会改变其掠夺行为，相反，管理层股权激励的效果会受到终极控股股东现金流权的影响而有所减弱。

（3）模型3中终极所有权的系数为$-0.00005 < 0$，在10%的置信水平下显著，说明终极控股股东的现金流权与研发投资显著负相关，再次证实了本书的研究假设H1a。

同时，总经理持股比例的系数$0.0589 > 0$，在10%的置信水平下显著，说明总经理持股比例与企业研发投资显著正相关，总经理持股比例会协调总经理与股东的利益，改变总经理的短期行为，提升上市公司的研发投资，从而证实了本书的研究假设H2d。

综合模型3中终极所有权、总经理持股比例的系数，我们可以发现，终极控股股东与总经理之间存在明显的利益冲突，这一结果也证实了我们在第三章中理论分析的基本判断。值得强调的是，在股权激励有效解决了股东—管理层代理问题的同时，也会造成新的代理问题：总经理与终极控股股东的利益冲突。

（4）模型4中，总经理持股比例×终极所有权这一交互项的系数为$-0.0006 < 0$，统计上不显著，结合模型3中终极所有权、董事长持股比例的系数，说明终极控股股东的现金流权并不会显著影响总经理股权激励与研发投资的关系。如前文所述，总经理的股权激励可以减少代理成本，激励企业的研发投资；终极控股股东通过现金流权实现控制权私人收益，会减少企业的研发投资，从而损害企业价值和全体股东利益。即便如此，终极控制权并不能显著影响到总经理持股对研发投资的激励效果，本文的研究假设H3d没有得到证实。

模型3的研究结果表明，终极控股股东与总经理之间存在利益分歧，终极控股股东通过行使现金流权对上市公司及其利益相关主体进行"攫取"；而模型4的结果表明，当终极控股股东与总经理存在利益分歧和冲突，即使是终极控股股东也不能显著影响到总经理股权激励对研发投资的促进作用。

综上所述，我们发现，高管的股权激励可以有效减少短期行为，协调高管和股东的利益，增加企业的研发投资，但由于终极控股股东的利益不同于中小股东和高管，因此为了实现自身收益，终极控股股东会通过手中的现金流权而对上市公司进行掠夺，这一效果除了直接影响到企业的投资外，还会损害管理层股权激励的效果，这样也会影响到上市公司的经营业绩和企业价值。更为重要的是，当总经理因为持股而与公司长远发展捆绑在一起时，即使受到终极控股股东的压力，总经理股权激励的效果并不会受到显著的影响。

总之，在现实中，终极控股股东与管理层、总经理确实存在利益分歧和冲突，而且管理层的股权激励受到终极控股股东的影响，总经理的股权激励则并不会受到显著的影响，两者股权激励的抗压能力不完全相同。究其原因，可能是终极控股股东通过手中的终极所有权可以决定管理层的构成、报酬水平、激励措施等内容，由此管理层容易受到终极控股股东的控制。虽然总经理同样经过终极控股股东的同意和任命，不过一旦确定，则总经理相对具有一定的独立性和影响力，其抵抗终极控股人的能力有所增强，加之股权激励增加的利益趋同效应，使得总经理股权激励与研发投资的关系并不会受到终极控股股东的显著影响。

为了检验本书主要结论的稳健性，我们采用研发投入/总资产来度量研发强度这一变量，将之前的实证分析过程重复后得到以下结果，由 5-8 可知，所有主要变量与因变量的相关关系没有根本性改变，说明本书的研究结论具有较好的稳定性。

表 5-8　稳健性检验

	因变量：研发投入/总资产			
	模型 1	模型 2	模型 3	模型 4
终极所有权	-0.0001*** (-3.00)	-0.0001*** (-3.91)	-0.0001*** (-2.91)	-0.0001** (-2.22)
管理层持股比例	0.0359*** (5.50)	0.0218*** (4.10)		
管理层持股比例×终极所有权		-0.0009*** (-2.71)		
总经理持股比例			0.0566** (2.27)	0.0299 (0.73)
总经理持股比例×终极所有权				-0.0002 (-0.06)
股权集中度 Cr5	0.0002*** (4.08)	0.0001*** (3.92)	0.0001*** (4.11)	0.0001*** (3.58)
地理位置	0.00170 (1.64)	0.0021** (1.98)	0.0015** (2.05)	0.0023** (2.20)
人力资源	0.0137*** (4.65)	0.0143*** (4.83)	0.0102*** (4.86)	0.0135*** (4.53)

续表

	因变量：研发投入/总资产			
	模型 1	模型 2	模型 3	模型 4
出口情况	0.00120 (1.26)	0.0013 (1.37)	0.0018*** (2.64)	0.0016 (1.57)
负债水平	-0.0040** (-2.35)	-0.0040** (-2.33)	-0.0025** (-2.10)	-0.0043** (-2.47)
盈利能力	0.0082** (2.08)	0.0079** (2.02)	0.0049* (1.74)	0.0096** (2.41)
企业年龄	-0.0004*** (-2.87)	-0.0004*** (-3.13)	-0.0005*** (-4.94)	-0.0005*** (-3.97)
企业规模	-0.0009* (-1.88)	-0.0009* (-1.93)	-0.0008** (-2.48)	-0.0011** (-2.24)
现金流	0.0262*** (3.10)	0.0271*** (3.20)	0.0178*** (2.97)	0.0274*** (3.21)
时间变量	控制	控制	控制	控制
行业	控制	控制	控制	控制
常数项	0.00640 (0.39)	0.00880 (0.53)	0.00630 (0.55)	0.0157 (0.93)
观察值	881	891	881	891
Adj-R^2	0.273	0.265	0.262	0.247
F 值	11.98	11.01	11.40	10.14
Mean VIF	1.27	1.32	1.31	1.29

注：*、**、*** 分别代表双尾检验在 10%、5%、1%水平上显著；我们对上面的自变量都做了中心化处理。

第二节　终极控制权与高管股权激励冲突对研发投资的影响

一、终极控制权与董事会激励的冲突

从描述性统计的结果（见表 5-9）可以看出：

（1）2005~2008 年我国上市公司的研发强度均值为 1.33%，与我国整体的研发投入水平基本接近，说明本书的研究样本具有较好的代表性，同时研发强度的标准差远大于均值水平，说明我国上市公司的研发投入存在较大的差异。

（2）董事会持股比例的均值为 2.37%，标准差为 7.53%，说明我国董事会全体成员的持股比例较低，而且公司之间存在较大的差异。

（3）董事长持股比例的均值为 1.61%，标准差为 5.74%，说明我国上市公司的董事长多数持股较少，基本上属于职业经理人而非公司的股东，而且各公司的董事长持股比例也存在较大的差异。

（4）终极控制权的均值为 39.029%，标准差为 15.32%，说明我国上市公司终极控股股东所持有的所有权比例较高，且差异较小，这意味着我国股权相对集中，控制人的现象比较普遍，而且终极控股股东的现金流权比较高。

表 5-9 描述性统计

变量	观察值	均值	标准差	最小值	最大值
研发强度 RDs	888	0.0133	0.0215	0.000001	0.186
研发强度 RDa	888	0.00979	0.0149	0.000002	0.120
董事会持股比例	888	0.0237	0.0753	0	0.490
董事长持股比例	888	0.0161	0.0574	0	0.415
终极控制权	884	0.39029	0.1532	0.0394	1.00
股权集中度	888	0.5466	0.1386	0.1527	0.9350
地理位置	888	0.768	0.422	0	1
人力资源	888	0.31798	0.183636	0	1
出口情况	888	0.637	0.481	0	1
负债水平	888	0.491	0.269	0.0329	0.03873
盈利能力	888	0.232	0.144	-0.0595	0.902
企业年龄	888	0.1034	0.03874	0.02	0.22
企业规模	888	0.2143	0.00998	0.1803	0.2602
现金流	888	0.0747	0.0547	0.000470	0.433

除了上述主要自变量外，其他变量的描述性统计也反映了我国上市公司的其他特征：本书研究样本多来自于沿海发达地区，且多数都有出口业务，不过样本公司在人力资源、负债水平、盈利能力、企业年龄、企业规模和现金流方面的差异较小。

为了避免共线性的问题，本书分析了各变量之间的相关性系数和置信水平（见表 5-10），除了董事会持股比例与董事长持股比例的相关系数为 0.949 以外，所有其他变量之间的相关系数都小于 0.7，不过由于董事会持股比例和董事长持股比例不会同时出现在回归模型中，基本上可以排除共线性问题。此外，我们还检验了各回归模型的膨胀因子 VIF，各模型的膨胀因子 VIF 均小于 10，也表明回归方程不存在共线性问题。

本书以 2005~2008 年共 884 家制造类上市公司 Pool 数据为

样本，运用统计软件 STATA11.0 分析了终极控制权、董事会持股、董事长持股对企业研发投资的影响。在此基础上，我们进一步分析了终极控制权与董事会、董事长的股权激励的冲突，以及这些冲突可能对企业研发投资产生的影响，具体分析结果见表 5-11。

由表 5-11 的回归结果，我们可以发现，各回归模型的 F 值和 Adj-R^2 都处在较好的水平，同时各模型中主要自变量的系数说明如下：

（1）模型 1 中终极控制权的系数为-0.0001 < 0，在 1%的置信水平下显著，说明终极控股股东的控制权与研发投资显著负相关，证实了本书的研究假设 H1b。如前所述，由于大股东与中小股东、管理层的利益并不完全一致，因此终极控股股东有动机、有能力实现其控制权私人收益，因此终极控股股东会通过控制权来减少研发投入，而增加企业的现金存量。

同时，模型 1 中董事会持股比例的系数为 0.0474 > 0，在 1%的置信水平下显著，说明董事会持股与企业研发投资显著正相关，董事会持股能够改变董事会的“经营视野”，减少短期行为，而增加企业的研发投资，提升企业的长期盈利能力和发展潜力，从而证实了本书的研究假设 H2a。

综合终极控制权和董事会持股比例两者的系数，我们可以发现，终极控制权会减少研发投资，而董事会持股比例会增加研发投资。当董事会持股这一措施有效改善股东—管理层的代理问题时，受激励的董事会成员与终极控股股东的利益并不一致，说明现实中终极控股股东与董事会成员之间存在明显的利益冲突，这一结果也证实了我们在第三章中理论分析的基本判断。

（2）模型 2 中董事会持股比例 × 终极控制权这一交互项的

表 5-10　相关系数矩阵

	1	2	3	4	5	6	7	8	9	10	11	12
董事会持股比例	1											
董事长持股比例	0.949***	1										
终极控制权	-0.127***	-0.087**	1									
股权集中度	-0.0270	-0.00300	0.641***	1								
地理位置	0.134***	0.125***	-0.058*	-0.0420	1							
人力资源	0.125***	0.141***	0.0150	0.0130	-0.067**	1						
出口情况	0.0450	0.0340	-0.0240	-0.0370	0.068**	-0.230***	1					
负债水平	-0.125***	-0.114***	-0.097***	-0.150***	-0.0210	-0.069**	-0.0270	1				
盈利能力	0.165***	0.150***	-0.0220	0.116****	-0.0280	0.433***	-0.148***	-0.218***	1			
企业年龄	-0.262***	-0.243***	-0.248***	-0.332***	0.083**	-0.072**	-0.0100	0.224***	-0.128***	1		
企业规模	-0.180***	-0.159***	0.202***	0.079**	-0.077**	-0.0360	0.056*	0.115***	-0.216***	0.163***	1	
现金流	0.0430	0.0440	0.0290	0.087***	0.00800	0.0410	-0.088***	-0.093***	0.191***	0.0140	-0.0380	1

注：*、**、*** 分别代表双尾检验在 10%、5%、1%水平上显著。

表 5-11　终极控制权、董事会持股与研发投资

	因变量：研发投入/营业收入			
	模型 1	模型 2	模型 3	模型 4
终极控制权	−0.0001*** (−2.73)	−0.0002*** (−3.15)	−0.0002*** (−3.02)	−0.0002*** (−3.52)
董事会持股比例	0.0474*** (5.35)	0.0400*** (4.16)		
董事会持股比例×终极控制权		−0.0012** (−1.97)		
董事长持股比例			0.0498*** (4.69)	0.0456*** (4.28)
董事长持股比例×终极控制权				−0.0024*** (−3.15)
股权集中度	0.0002*** (3.24)	0.0002*** (3.30)	0.0002*** (3.06)	0.0002*** (3.08)
地理位置	0.00150 (1.10)	0.00160 (1.18)	0.00190 (1.37)	0.00190 (1.42)
人力资源	0.0181*** (4.74)	0.0185*** (4.85)	0.0179*** (4.70)	0.0188*** (4.93)
出口情况	0.0021* (1.69)	0.0022* (1.75)	0.0022* (1.73)	0.0023* (1.79)
负债水平	−0.0065*** (−2.95)	−0.0064*** (−2.89)	−0.0067*** (−2.99)	−0.0064*** (−2.90)
盈利能力	0.0344*** (6.71)	0.0338*** (6.58)	0.0355*** (6.96)	0.0345*** (6.78)
企业年龄	−0.0005*** (−2.83)	−0.0005*** (−2.78)	−0.0005*** (−3.20)	−0.0005*** (−3.04)
企业规模	−0.0024*** (−3.82)	−0.0024*** (−3.95)	−0.0023*** (−3.70)	−0.0024*** (−3.90)
现金流	0.0129 (1.18)	0.0124 (1.13)	0.0127 (1.16)	0.0122 (1.12)
时间变量	控制	控制	控制	控制
行业	控制	控制	控制	控制
常数项	0.0193 (0.93)	0.0171 (0.81)	0.0473** (2.21)	0.0472** (2.20)
观察值	884	884	890	890

续表

	因变量：研发投入/营业收入			
	模型 1	模型 2	模型 3	模型 4
Adj-R^2	0.421	0.423	0.427	0.433
F 值	21.68	21.20	22.40	22.23
Mean VIF	2.11	2.12	2.14	2.15

注：*、**、*** 分别代表双尾检验在 10%、5%、1%水平上显著；我们对上面的自变量都做了中心化处理。

系数为-0.0012 < 0，在 5%的置信水平下显著，说明终极控制权会显著影响董事会的股权激励与研发投资的关系，即终极控制权是董事会股权激励与研发投资两者关系的调节变量。进一步结合模型 1 中终极控制权、董事会持股比例的系数，我们认为：终极控股股东会通过行使控制权实现其私人收益，会减少研发投资，损害公司长期盈利水平和竞争力，从而损害到上市公司其他相关利益主体的收益。特别是对于享受股权激励的董事会而言，股权激励改变了董事会的短期行为，但受制于终极控股股东的压力，董事会的股权激励效果将受到影响，这一结果证实了本书的研究假设 H4a。

模型 1 的研究结果表明，终极控股股东与董事会成员之间存在利益分歧，终极控股股东通过控制权对上市公司及其利益相关主体进行“攫取”。而模型 2 的结果表明，当终极控股股东与董事会存在利益分歧和冲突时，终极控股股东的掠夺行为并不会发生改变，相反，董事会股权激励的效果会受到终极控股股东控制权的影响而有所减弱。

（3）模型 3 中终极控制权的系数为-0.0002 < 0，在 1%的置信水平下显著，说明终极控股股东的控制权与研发投资显著负相关，再次证实了本书的研究假设 H1b。

同时，董事长持股比例的系数 0.0498 > 0，在 1%的置信水平下显著，说明董事长持股比例与企业研发投资显著正相关，董事长持股会协调高管与股东的利益，改变高管的短期行为，提升上市公司的研发投资，从而证实了本书的研究假设 H2b。

结合上述两个变量的系数，我们可以发现，在研发投资上，终极控股股东的利益与董事长的利益并不一致，说明在现实中终极控股股东与董事会成员的利益分歧和冲突确实存在，这一结果也证实了我们在第三章中理论分析的基本判断。特别值得强调的是，股权激励在有效解决了股东—管理层代理问题的同时，也会引起新的代理问题：董事长与终极控股股东的利益冲突。

（4）模型 4 中，董事长持股比例 × 终极控制权这一交互项的系数为-0.0024 < 0，在 1%的置信水平下显著，结合模型 3 中终极控制权、董事长持股比例的系数，说明终极控股股东的控制权会显著影响董事长的股权激励与研发投资的关系，即终极控制权是董事长股权激励与研发投资两者关系的调节变量。如前所述，董事长的股权激励可以减少代理成本，提升企业的研发投资。同时，终极控股股东为了实现其控制权私人收益，往往会减少研发投资，由此即便是董事长持股的激励效果也会因为控股股东的掠夺行为有所减弱，即终极控股股东与董事长股权激励的利益冲突会影响企业的研发投资，这一结果证实了本书的研究假设 H4b。

模型 3 的研究结果表明，终极控股股东与董事长之间存在利益分歧，终极控股股东通过控制权对上市公司及其利益相关主体进行“攫取”。而模型 4 的结果表明，即使终极控股股东与董事会存在利益分歧和冲突，终极控股股东的掠夺行为不会发生改变，相反，董事长股权激励的效果会受到终极控股股东控制权的影响而有所减弱。

综上所述，我们发现，高管的股权激励可以有效减少短期行为，协调高管和股东的利益，增加企业的研发投资，但由于终极控股股东的利益不同于中小股东和高管，因此为了实现自身收益，终极控股股东会通过手中的控制权而对上市公司进行掠夺，这一效果除了直接影响到企业的投资外，还会损害董事会、董事长股权激励的效果。即使董事会、董事长因为持股而与公司长远发展捆绑在一起，但受到终极控股股东的压力，董事会或董事长股权激励的效果也会有所减弱。

总之，在现实中，终极控股股东与董事会、董事长确实存在利益分歧和冲突，但终极控股股东的“攫取”行为不会发生变化，相反，董事会、董事长的股权激励效果会受到影响。究其原因，可能是终极控股股东通过控制权可以决定董事会的构成、报酬水平、激励措施等内容，而董事会以及董事长都会受到终极控股股东的影响和压力，因此即使出现利益矛盾或冲突，董事会以及董事长会向终极控股股东妥协。

为了检验本书主要结论的稳健性，我们采用研发投入/总资产来衡量研发强度这一指标，将之前的实证分析过程重复后得到以下结果，由表 5-12 可知，所有主要变量与因变量的相关关系没有根本性改变，说明本书的研究结论具有较好的稳定性。

表 5-12 稳健性检验

	因变量：研发投入/总资产			
	模型 1	模型 3	模型 4	模型 5
终极控制权	-0.0001^{***} (-3.54)	-0.0002^{***} (-4.02)	-0.0001^{***} (-3.76)	-0.0002^{***} (-4.00)
董事会持股比例	0.0326^{***} (4.76)	0.0149^{***} (2.65)		

续表

	因变量：研发投入/总资产			
	模型 1	模型 3	模型 4	模型 5
董事会持股比例×终极控制权		−0.0008** (−2.16)		
董事长持股比例			0.0293*** (3.56)	0.0275*** (3.32)
董事会持股比例×终极控制权				−0.0010* (−1.71)
股权集中度	0.0002*** (4.54)	0.0002*** (4.31)	0.0002*** (4.28)	0.0002*** (4.29)
地理位置	0.0018* (1.67)	0.0021** (2.02)	0.0020* (1.95)	0.0021** (1.97)
人力资源	0.0143*** (4.83)	0.0144*** (4.87)	0.0141*** (4.79)	0.0145*** (4.90)
出口情况	0.0015 (1.52)	0.00150 (1.57)	0.00150 (1.49)	0.00150 (1.52)
负债水平	−0.0041** (−2.38)	−0.0041** (−2.35)	−0.0042** (−2.43)	−0.0041** (−2.37)
盈利能力	0.0075* (1.89)	0.0074* (1.88)	0.0080** (2.02)	0.0076* (1.91)
企业年龄	−0.0004*** (−3.17)	−0.0005*** (−3.47)	−0.0005*** (−3.56)	−0.0005*** (−3.46)
企业规模	−0.0009* (−1.83)	−0.0009* (−1.91)	−0.0008* (−1.75)	−0.0009* (−1.85)
现金流	0.0259*** (3.06)	0.0268*** (3.18)	0.0270*** (3.19)	0.0268*** (3.17)
时间变量	控制	控制	控制	控制
行业	控制	控制	控制	控制
常数项	0.0002 (0.01)	0.0118 (0.70)	0.0141 (0.86)	0.0112 (0.67)
观察值	884	891	890	890
Adj−R^2	0.272	0.264	0.264	0.265
F 值	11.62	10.97	11.27	11.03
Mean VIF	2.10	2.13	2.12	2.16

注：*、**、*** 分别代表双尾检验在 10%、5%、1%水平上显著；我们对上面的自变量都做了中心化处理。

二、终极控制权与管理层激励的冲突

从描述性统计的结果（见表 5-13）可以看出：

（1）2005~2008 年我国上市公司的研发强度均值为 1.33%，与我国整体的研发投入水平基本接近，说明本书的研究样本具有较好的代表性，同时研发强度的标准差远大于均值水平，说明我国上市公司的研发投入存在较大的差异。

（2）高管团队持股比例的均值为 2.44%，标准差为 7.56%，说明我国高管团队全体成员的持股比例较低，而且公司之间存在较大的差异。

（3）总经理持股比例的均值为 0.0301%，标准差为 1.30%，说明我国上市公司的总经理持股较少，而且各公司总经理的持股比例也存在较大的差异。

（4）终极控制权的均值为 39.029%，标准差为 15.32%，说明我国上市公司终极控股股东所持有的所有权比例较高，且差异较小，这意味着我国企业股权相对集中，控制人的现象比较普遍，而且终极控制权比较高。

表 5-13 描述性统计

变量	观察值	均值	标准差	最小值	最大值
研发强度 RDs	885	0.0133	0.0215	0.00000131	0.186
研发强度 RDa	885	0.00978	0.0149	0.00000155	0.120
管理层持股比例	885	0.0244	0.0756	0	0.498
总经理持股比例	885	0.00301	0.0130	0	0.0983
股权集中度	888	0.5466	0.1386	0.1527	0.9350
终极控制权	884	0.39029	0.1532	0.0394	1.00
地理位置	885	0.767	0.423	0	1
人力资源	885	0.317	0.183	0	1

续表

变量	观察值	均值	标准差	最小值	最大值
出口情况	885	0.636	0.481	0	1
负债水平	885	0.491	0.269	0.0329	0.03873
盈利能力	885	0.232	0.144	-0.0595	0.902
企业年龄	885	0.1035	0.03874	0.02	0.22
企业规模	885	0.2143	0.00998	0.1803	0.2602
现金流	885	0.0748	0.0548	0.000470	0.433

除了上述主要自变量外，其他变量的描述性统计也反映了我国上市公司的其他特征：本书研究样本多来自于沿海发达地区，且多数都有出口业务，不过样本公司在人力资源、负债水平、盈利能力、企业年龄、企业规模和现金流方面的差异较小。

为了避免共线性的问题，本书分析了各变量之间的相关性系数和置信水平（见表 5-14），除了高管团队持股比例与总经理持股比例的相关系数为 0.527 外，所有变量之间的相关系数都小于 0.7，基本上可以排除共线性问题。此外，我们检查了各回归模型的膨胀因子 VIF，各模型的膨胀因子 VIF 均小于 10，也表明回归方程不存在共线性问题。

本书以 2005~2008 年共 885 家制造类上市公司 Pool 数据为样本，运用统计软件 STATA11.0 分析了终极控制权、高管团队持股、总经理持股对企业研发投资的影响。在此基础上，我们进一步分析了终极控制权与董事会、董事长的股权激励的冲突，以及这些冲突可能对企业研发投资产生的影响果，具体分析结果见表 5-15。

表 5-14　相关系数矩阵

	1	2	3	4	5	6	7	8	9	10	11	12
管理层持股比例	1											
总经理持股比例	0.527***	1										
终极控制权	-0.136***	-0.178***	1									
股权集中度	-0.0310	-0.117***	0.641***	1								
地理位置	0.128***	0.094***	-0.058*	-0.0420	1							
人力资源	0.112***	-0.0310	0.0150	0.0150	-0.070**	1						
出口情况	0.0380	0.0320	-0.0240	-0.0370	0.067**	-0.234***	1					
负债水平	-0.120***	-0.091***	-0.098***	-0.151***	-0.0200	-0.064*	-0.0260	1				
盈利能力	0.162***	0.079**	-0.0220	0.117***	-0.0290	0.430***	-0.150***	-0.216***	1			
企业年龄	-0.264***	-0.159***	-0.248***	-0.333***	0.085**	-0.071**	-0.00800	0.224***	-0.127***	1		
企业规模	-0.177***	-0.132***	0.203***	0.079**	-0.076**	-0.0320	0.058*	0.113***	-0.214***	0.161***	1	
现金流	0.0490	0.057*	0.0290	0.087***	0.00900	0.0460	-0.087***	-0.095***	0.193***	0.0140	-0.0390	1

注：*、**、*** 分别代表双尾检验在 10%、5%、1%水平上显著。

表 5-15 终极控制权、管理层激励与研发投资

	因变量：研发投入/营业收入			
	模型 1	模型 3	模型 4	模型 5
终极控制权	-0.0001*** (-2.67)	-0.0002*** (-3.07)	-0.0001** (-2.17)	-0.0001*** (-2.62)
管理层持股比例	0.0480*** (5.66)	0.0417*** (4.55)		
管理层持股比例×终极控制权		-0.0010* (-1.83)		
总经理持股比例			0.1575* (1.79)	0.0222 (0.45)
总经理持股比例×终极控制权				-0.00130 (-0.46)
股权集中度 Cr5	0.0002*** (3.26)	0.0002*** (3.30)	0.0001*** (2.98)	0.0001*** (3.23)
地理位置	0.00150 (1.07)	0.00160 (1.15)	0.00110 (1.13)	0.00180 (1.59)
人力资源	0.0179*** (4.68)	0.0183*** (4.79)	0.0138*** (5.09)	0.0168*** (5.39)
出口情况	0.00210 (1.63)	0.0021* (1.69)	0.0027*** (2.97)	0.0028*** (2.70)
负债水平	-0.0065*** (-2.94)	-0.0064*** (-2.89)	-0.0042*** (-2.67)	-0.0052*** (-2.83)
盈利能力	0.0342*** (6.68)	0.0337*** (6.57)	0.0203*** (5.59)	0.0290*** (6.97)
企业年龄	-0.0005*** (-2.74)	-0.0005*** (-2.70)	-0.0006*** (-4.87)	-0.0007*** (-4.70)
企业规模	-0.0023*** (-3.75)	-0.0024*** (-3.87)	-0.0020*** (-4.53)	-0.0022*** (-4.45)
现金流	0.0136 (1.25)	0.0132 (1.21)	0.00660 (0.85)	0.00660 (0.74)
时间变量	控制	控制	控制	控制
行业	控制	控制	控制	控制
常数项	0.0216 (1.04)	0.0420* (1.93)	0.0232 (1.57)	0.0448** (2.52)
观察值	881	881	881	891

续表

	因变量：研发投入/营业收入			
	模型 1	模型 3	模型 4	模型 5
Adj-R^2	0.422	0.423	0.358	0.409
F 值	22.38	21.83	17.34	20.29
Mean VIF	1.34	1.44	1.46	1.43

注：*、**、*** 分别代表双尾检验在 10%、5%、1%水平上显著；我们对上面的自变量都做了中心化处理。

由表 5-15 的回归结果，我们可以发现，各回归模型的 F 值和 Adj-R^2 都处在较好的水平，同时各模型中主要自变量的系数说明如下：

（1）模型 1 中终极控制权的系数为-0.0001 < 0，在 1%的置信水平下显著，说明终极控股股东的控制权与研发投资显著负相关，再次证实了本书的研究假设 H1b。

同时，模型 1 中管理层持股比例的系数为 0.0480 > 0，在 1%的置信水平下显著，说明管理层持股与企业研发投资显著正相关，管理层持股能够改变管理团队的“经营视野”，减少短期行为，而增加企业的研发投资，从而证实了本书的研究假设 H2c。

比较终极控制权和管理层持股比例两者的系数，我们可以发现，终极控制权会减少研发投资，而管理层持股比例会提升研发投资。于是，当管理层持股这一措施有效改善股东—管理层的代理问题时，受激励的管理层与终极控股股东的利益并不一致，说明现实中终极控股股东与管理层的利益分歧和冲突确实存在，这一结果也证实了在第三章中理论分析的基本判断。

（2）模型 2 中管理层持股比例 × 终极控制权这一交互项的系数为-0.0010 < 0，在 10%的置信水平下显著，说明终极控制

权会显著影响管理层股权激励与研发投资的关系，即终极控制权是管理层股权激励与研发投资两者关系的调节变量。进一步结合模型 1 中终极控制权、管理层持股比例的系数，我们认为：终极控股股东会通过控制权实现其私人收益，这样会减少研发投资，损害公司长期盈利水平和竞争力，从而损害上市公司其他相关利益主体的收益。特别是对于享受股权激励的管理层而言，虽然股权激励改变了管理层的短期行为，但受制于终极控股股东的压力，管理层的股权激励效果将受到影响，这一结果证实了本书的研究假设 H4c。

模型 1 的研究结果表明，终极控股股东与管理层成员之间存在利益分歧，终极控股股东通过控制权对上市公司及其利益相关主体进行“攫取”。而模型 2 的结果表明，当终极控股股东与管理层存在利益分歧和冲突时，终极控股股东的掠夺行为不会发生改变，相反管理层股权激励的效果会受到终极控股股东控制权的影响而有所减弱。

（3）模型 3 中终极控制权的系数为−0.0001 < 0，在 5%的置信水平下显著，说明终极控股股东的控制权与研发投资显著负相关，再次证实了本书的研究假设 H1b。

同时，总经理持股比例的系数 0.1575 > 0，在 10%的置信水平下显著，说明总经理持股比例与企业研发投资显著正相关，总经理持股比例会协调总经理与股东的利益，改变总经理的短期行为，提升上市公司的研发投资，从而证实了本书的研究假设 H2c。

由此，我们可以发现，终极控股股东的利益与总经理的利益并不一致，说明在现实中终极控股股东与总经理的利益分歧和冲突确实存在，这一结果证实了我们在第三章中理论分析的基本判断。特别值得强调的是，在股权激励有效解决了股东—管理层代理问题的同时，股权激励还会引起新的矛盾：总经理与终极控股股东的利益冲突。

（4）模型4中，总经理持股比例×终极控制权这一交互项的系数为-0.0013 < 0，统计上不显著，说明终极控股股东的控制权并不会显著影响总经理股权激励与研发投资的关系。如前所述，总经理的股权激励可以减少代理成本，提升企业的研发投资，但终极控股股东为了实现控制权私人收益会减少研发投资，于是两者出现明显的利益冲突。此时，虽然总经理因为所持股权而同样遭受损失，但终极控制权并不能显著影响到总经理持股对研发投资的激励效果，本书的研究假设H4d没有得到证实。

模型3的研究结果表明，终极控股股东与总经理之间存在利益分歧，终极控股股东通过行使控制权对上市公司及其利益相关主体进行“攫取”。而模型4的结果表明，当终极控股股东与总经理存在利益分歧和冲突，总经理股权激励与研发投资的关系并不会受到显著的影响，股权激励有助于缓解股东与管理层的代理问题，同时也能抵抗终极控股股东的掠夺行为。

综上所述，我们发现，高管的股权激励可以有效减少短期行为，协调高管和股东的利益，增加企业的研发投资，但由于终极控股股东的利益不同于中小股东和高管，因此为了实现自身收益，终极控股股东会通过手中的控制权而对上市公司进行掠夺，这一效果除了直接影响到企业的投资外，还会损害管理层股权激励的效果。更为重要的是，当总经理因为持股而与公司长远发展捆绑在一起，即使受到终极控股股东的压力，总经理股权激励对研发投资的效果并不会受到显著的影响。

总之，在现实中，终极控股股东与管理层、总经理确实存在利益分歧和冲突，管理层的股权激励受到终极控股股东的影响，总经理的股权激励则并不会受到显著的影响，两者股权激励的抗压能力不完全相同。究其原因，可能是终极控股股东通过行使控制权可以决定管理层的构成、报酬水平、激励措施等内容，由此管理层容易受到终极控股股东的影响，虽然总经理同样经过终极控股股东的同意和任命，不过总经理一旦确定，其具有一定的独立性和影响力，抵抗终极控股人的能力有所增强，加之股权激励增加的利益趋同效应，使得总经理股权激励与研发投资的关系并不会受到终极控股股东的显著影响。

为了检验本书主要结论的稳健性，我们采用研发投入/总资产来度量研发强度这一变量，将之前的实证分析过程重复后得到以下结果，由表 5-16 可知，所有主要变量与因变量的相关关系没有根本性改变，说明本书的研究结论具有较好的稳定性。

表 5-16　稳健性检验

	因变量：研发投入/总资产			
	模型 1	模型 2	模型 3	模型 4
终极控制权	-0.0001*** (-3.48)	-0.0002*** (-4.00)	-0.0001*** (-3.51)	-0.0002*** (-3.25)
管理层持股比例	0.0335*** (5.10)	0.0156*** (2.93)		
管理层持股比例×终极控制权		-0.0007** (-2.11)		
总经理持股比例			0.1476* (1.83)	0.0181 (0.38)
总经理持股比例×终极控制权				-0.0003 (-0.10)
股权集中度 Cr5	0.0002*** (4.56)	0.0002*** (4.31)	0.0002*** (4.51)	0.0002*** (4.37)

续表

	因变量：研发投入/总资产			
	模型 1	模型 2	模型 3	模型 4
地理位置	0.00170 (1.63)	0.0021** (2.01)	0.0018** (2.01)	0.0023** (2.18)
人力资源	0.0141*** (4.77)	0.0143*** (4.86)	0.0130*** (5.21)	0.0139*** (4.67)
出口情况	0.00140 (1.46)	0.00150 (1.54)	0.0019** (2.33)	0.0017* (1.75)
负债水平	−0.0040** (−2.36)	−0.0041** (−2.36)	−0.0035** (−2.40)	−0.0043** (−2.49)
盈利能力	0.0074* (1.86)	0.0074* (1.87)	0.0057* (1.71)	0.0085** (2.13)
企业年龄	−0.0004*** (−3.07)	−0.0005*** (−3.40)	−0.0005*** (−4.56)	−0.0006*** (−4.19)
企业规模	−0.0008* (−1.76)	−0.0009* (−1.84)	−0.0009** (−2.28)	−0.0010** (−2.02)
现金流	0.0261*** (3.09)	0.0269*** (3.18)	0.0221*** (3.08)	0.0273*** (3.20)
时间变量	控制	控制	控制	控制
行业	控制	控制	控制	控制
常数项	0.00190 (0.12)	0.0108 (0.64)	0.00640 (0.47)	0.0129 (0.76)
观察值	881	891	881	891
Adj-R^2	0.275	0.265	0.260	0.253
F 值	12.13	11.04	11.31	10.41
Mean VIF	1.41	1.43	1.46	1.44

注：*、**、*** 分别代表双尾检验在 10%、5%、1%水平上显著；我们对上面的自变量都做了中心化处理。

第三节 实证结果的分析与讨论

前面两节内容对本书的主要研究假设进行了实证检验和分析，并进行了稳健性检验，多数研究假设都得到了数据的支持和证明，但也有部分研究假设并未得到实际数据的支持和证明。在本节，我们将对上述实证研究结果展开进一步的分析和讨论，从而剖析和揭示上述研究结果所反映出的内在逻辑关系及其影响机理。特别是没有得到证实的研究假设，我们尝试性地分析未获证实的原因。

一、终极所有权、终极控制权和超额控制权对研发投资的影响

上述研究结果都显示，终极所有权、终极控制权与研发活动显著负相关。这一研究结论表明：或许是因为风险，或许是因为短期收益，终极控股股东可能会减少研发投资，但同时已有研究证明研发活动具有十分显著的价值效应，因此这一举措也就危害到企业价值。而且 Vito 等（2010）研究也发现，终极控制权与研发活动显著负相关。因此，就研发投资而言，终极所有权、终极控制权具有显著的壕沟效应，这一研究结论与王鹏和周黎安（2006）、谷祺等（2006）、曹裕等（2010）的研究观点相一致，说明我国上市公司的终极控股股东攫取行为的多样化。

但本书并没有发现终极控股股东的超额控制权具有壕沟效

应，这一结果与 Christian（2006）、Andres（2008）、许永斌和郑金芳（2007）、党兴华和王雷（2009）、Jog 等（2010）的研究结论相一致：超额控制权并非一定具有壕沟效应。

需要说明的是，本书研究的因变量是研发投资，而国内外现有多数研究的因变量是企业价值或业绩，虽然已有研究证明研发投资具有显著的价值效应，但这两者并非完全等同，所以分析和讨论本书的研究结论时需要注意到这一差别。不过，整体而言，本书有关终极所有权、终极控制权和超额控制权对研发投资的影响与国内外已有研究结论的内在逻辑是一致的，所以本书的研究结论有助于完善国内外有关控制权理论对企业投资（研发投资）影响的分析。

二、高管股权激励及其与终极控股股东的冲突对研发投资的影响

高管（董事会、董事长、高管团队）股权激励能够有效地激励企业的研发投资，这一结果与国内现有的研究结论相一致（Wu and Tu，2007；康华等，2011；王燕妮，2011），说明股权激励可以有效降低股东与高管之间的代理成本，缓解第Ⅰ类代理问题。但同时，在研发投资上，控股股东偏好减少研发投资，而受到股权激励的高管则偏好增加研发投资，这一事实表明：高管激励在降低第Ⅰ类代理问题的同时会引发控股股东与高管之间的利益冲突，这一结论与现有的研究结果一致[5-14]。

而且，调节效应的研究结果显示，终极控股股东凭借自己手中的所有权会损害高管（董事会、董事长、高管团队）股权激励对研发投资的积极影响，这一结果表明，终极控股股东会通过董事会、董事长及高管团队的组成和任命来实现自身的利

益诉求，而董事会、董事长和高管团队的组成和任命是终极控股股东实现其实际影响力的重要途径。这一结果表明：一方面，终极控股股东通过对董事会、董事长和高管团队的任命实现其影响，这一结果与孙亮和刘春（2012）研究观点一致，即终极控股股东会“派自己人监督”或管理上市公司的经营决策；另一方面，表明我国上市公司的董事会、董事长和高管团队的独立性有待提高，特别是董事会的独立性仍有待提高。

不同的是，总经理的股权激励也会造成其与控股股东在研发投资上的分歧，但终极所有权并不会显著影响到总经理股权激励对研发投资的影响，这一研究结果与之前的研究假设不一致。究其原因，首先，是总经理的位置比较特殊，管理者权力理论（Bebchuk et al.，2002）认为，总经理在企业经营管理决策中具有很大的决策权和影响力，因此其具有一定的独立性和权威性；其次，可能是因为我国上市公司存在着一定的“内部人控制”现象（青木昌彦、张春霖，1994），虽然终极控股股东对企业具有决定性的所有权，但公司的实际经营管理是由总经理这一“内部人”控制，因此其股权激励并不会受到终极所有权的影响；最后，蒋荣和刘星（2012）研究发现，大股东控制权私利弱化其对 CEO 的监督，因此 CEO 的股权激励不会受到终极所有权的影响。

第四节 小 结

本章我们采用 2005~2008 年上市公司的数据验证了之前提

出的主要假设，证实了我国上市公司由于股权激励导致终极控股股东与董事会、董事长和管理层之间存在利益冲突的现象，而且这一利益冲突会直接影响企业的研发投资，说明终极控股股东不仅直接影响公司决策，而且还会通过影响股权激励对上市公司产生影响。与之不同，总经理的股权激励会提升研发投入，但控股股东并不能影响到总经理股权激励的效果，总经理可以抵制控股股东的压力，这符合管理者权力理论。

另外，虽然超额控制权并不会显著减少研发投入，但薪酬差距这一激励措施有助于研发投入的提升，而且超额控制权会显著影响薪酬差距的激励效果，因此终极控股股东对高管激励的影响存在多种途径和方式。我们将本章的研究内容和主要结论汇总表 5-17 中，由此可以看出本书的主要研究结论和研究观点。

表 5-17　假设验证情况

类型	编号	具体假设	实证结果
终极控股股东对研发投资的影响	1	H1a：终极所有权与研发投资显著负相关	通过
	2	H1b：终极控制权与研发投资显著负相关	通过
股权激励对研发投资的影响	3	H2a：董事会的股权激励与研发投资显著正相关	通过
	4	H2b：董事长的股权激励与研发投资显著正相关	通过
	5	H2c：高管团队的股权激励与研发投资显著正相关	通过
	6	H2d：总经理的股权激励与研发投资显著正相关	通过
终极所有权与高管激励冲突对研发投资具有显著影响	7	H3a：基于假设 H1a 和假设 H2a，终极所有权与董事会股权激励的冲突对研发投资具有显著影响	通过
	8	H3b：基于假设 H1a 和假设 H2b，终极所有权与董事长股权激励的冲突对研发投资具有显著影响	通过
	9	H3c：基于假设 H1a 和假设 H2c，终极所有权与管理团队股权激励的冲突对研发投资具有显著影响	通过
	10	H3d：基于假设 H1a 和假设 H2d，终极所有权与总经理股权激励的冲突对研发投资具有显著影响	未通过

续表

类型	编号	具体假设	实证结果
终极控制权与高管激励的冲突对研发投资具有显著影响	11	H4a：基于假设 H1b 和假设 H2a，终极控制权与董事会股权激励的冲突对研发投资具有显著影响	通过
	12	H4b：基于假设 H1b 和假设 H2b，终极控制权与董事长股权激励的冲突对研发投资具有显著影响	通过
	13	H4c：基于假设 H1b 和假设 H2c，终极控制权与管理团队股权激励的冲突对研发投资具有显著影响	通过
	14	H4d：基于假设 H1b 和假设 H2d，终极控制权与总经理股权激励的冲突对研发投资具有显著影响	未通过

第六章 结论与展望

第一节 研究结论及创新点

一、研究结论

转型经济的制度背景决定了我国企业终极控股股东与现代经理人制度的并存，于是我国企业中并存两类代理问题：①股东之间的代理问题；②股东与管理层之间的代理问题。现有研究认为，新兴经济或转型经济中股东之间的代理问题更加突出，但在现实中，上述两种代理问题在我国企业中都有突出表现：大股东“掏空”行为的盛行和“内部人控制”的泛滥。基于这一现实背景和制度环境，本书探索性地分析了上述两种代理问题并存时企业内部经营决策的微观机理和实际影响。特别是结合代理理论研究的最新进展，尝试性地研究了传统的高管激励能否有效解决第Ⅰ类代理问题，同时这一激励措施是否会引起控股股东与管理层的利益冲突以及这一冲突对企业研发投入的最终影响。通过理论分析和实证检验，我们发现：我国上市公司中确实存在着终极控股股东与高管激励的利益冲突，而且这一利益冲突会对企业的研发投资产生显著的影响。具体而言，本书研究主要取得了以下几个方面的结论：

（一）采用理论模型分析了控股股东与高管之间的可能冲突

现代企业制度的建立导致管理层与股东的利益分歧，为协调股东和管理层之间的利益分歧，各国普遍通过高管激励解决这一代理问题。国外最新研究发现，高管激励可能引发股东与管理层之间的利益冲突，即高管激励在解决第Ⅰ类代理问题时，会引起新的代理问题和利益冲突。基于我国企业的现实背景，特别是控股股东的普遍存在，本书尝试性地分析了高管激励引发的控股股东与高管之间的利益冲突，从理论上证明了这一利益冲突的客观性和必然性。而且理论分析结果显示，随着高管激励程度的增大，控股股东与高管之间冲突的可能性也会增大。即使在放松相关假设以便无限接近现实情况后，控股股东与高管之间的冲突仍然存在，并不会消失，这一研究结果表明高管激励所产生的新的代理问题具有客观性和真实性。

（二）实证研究了终极控股股东对研发投资的影响

如前文所述，研发投资关系到企业的竞争力和发展能力，但国内外有关公司治理与研发投资关系的研究主要基于股东—管理层之间代理问题的视角，而较少研究股东之间代理问题对研发投资的影响。本书从我国企业的现实背景出发，尝试性地实证分析了终极控股股东对研发投资的影响，研究结果显示：终极控股股东的所有权、控制权与研发投资显著负相关，即存在着控股股东的壕沟效应。企业的研发投入影响着未来的竞争力和盈利能力，而终极控股股东会减少企业的研发投资，因此在研发投资上终极控股股东具有“隧道效应”。传统的观点认为，股东总是支持企业的研发投资，但本书的研究结果表明，股东之间也存在利益分歧，并非所有股东都会支持企业的研发投资，这一结论有助于我们更加准确地认识股东与研发投资的关系，丰富我们对企业实践的理解。

（三）实证检验了高管激励对研发投资的影响

研发活动的两面性导致高管的短视行为，而高管激励可以有效解决这一代理问题。国内外已有研究指出，股权激励可以有效解决股东与管理层的代理问题，从而显著提升研发投资。在此基础上，本书采用我国上市公司的数据进一步分析了不同类型高管激励与研发投资的关系，实证研究结果显示：董事会、董事长、管理层和总经理的持股比例都与研发投资显著正相关。同时，高管之间的薪酬差距、高管与普通员工之间的薪酬差距都与研发投资显著正相关，上述结果表明，高管激励计划有助于提升企业的研发投入。

（四）终极控股股东与高管股权激励的冲突效应

在上述实证分析的基础上，结合之前的理论分析，本书采用我国上市公司的数据检验了高管激励可能引发的终极控股股东与高管在研发投资方面的利益冲突，以及这一利益冲突可能对企业研发决策造成的实际影响。不论是终极所有权，还是终极控制权，实证研究结果显示，董事会、董事长、管理层的股权激励与控股股东在研发投资方面确实存在明显的利益分歧和冲突，这一结论支持了本书理论分析部分的观点和假设。研究结果揭示了股权激励在解决第Ⅰ类代理问题的同时，可能会引起控股股东与管理层的利益冲突这一新的代理问题。

而且本书的研究还发现，高管股权激励引起的这一利益冲突对企业研发活动具有显著影响，董事会、董事长和管理层的股权激励的效果会受到控股股东的影响而有所减弱。不同的是，总经理的股权激励对研发投资的促进效应并不会受到终极控股股东的所有权和控制权的影响，这一结果表明，总经理的股权激励能够抵抗终极控股股东的影响，其股权激励对研发投资的促进作用并不会因为终极控股股东的存在而有所减弱。

综上所述，本书的研究揭示了我国上市公司控股股东、管理层在研发投资方面的利益分歧和实际选择，以及双方最终选择对研发投资影响的微观机理，所以本书的分析有助于我们更加客观、真实地了解企业经营决策的机制和后果，加深对我国上市公司内部治理机制的了解和认识。

二、主要创新

研发投资的决定因素一直是创新和战略研究的热点问题，国内外都有大量文献对这一问题进行了探讨和分析。与国内外现有的研究不同，本书研究的创新之处主要有以下几个方面：

第一，本书构建了控股股东与高管冲突及这一冲突对研发投资影响的理论分析框架。博弈模型的分析结果显示：高管激励在解决股东和管理层之间第Ⅰ类代理问题的同时，往往会造成高管与控股股东之间产生冲突，而且随着高管激励程度的增加，高管与控股股东之间冲突的可能性也会逐渐增加。即使是放松相关假设后，这一冲突仍会发生，因此这一冲突具有客观性和必然性。这一结论表明，高管激励不仅可以解决公司治理中的第Ⅰ类代理问题，而且也会造成新的代理问题。特别是当高管激励是股权激励时，解决第Ⅰ类代理问题的股权激励会造成第Ⅱ类代理问题，这表明两类代理问题并非各自独立，而是相互关联，即高管股权激励成为两类代理问题转换的桥梁。

第二，本书实证检验了股权激励引起的控股股东与高管冲突及其对研发投资的影响。本书采用 2005~2008 年我国上市公司的数据对高管股权激励引起的终极控股股东与高管之间的利益冲突以及这一冲突对研发投资的影响进行了检验，实证结果显示：控股股东的终极所有权、终极控制权与研发投资显著负相关，而同时董事会、董事长、管理团队的股权激励与研发投资显著正相关，上述发现表明，股权激励导致高管与控股股东在研发投资上存在利益冲突。进一步研究发现，终极控股股东会凭借终极所有权、终极控制权调节董事会、董事长、管理团队的股权激励与研发投资的关系，这一发现证明，控股股东与管理层之间的冲突会显著影响企业的研发投资，即控股股东能够冲击高管股权激励的有效性。

第三，实证研究还发现，股权激励会引起终极控股股东与总经理之间的冲突，但终极控股股东不能显著降低总经理股权激励的有效性。实证研究结果显示，总经理股权激励与研发投资显著正相关，控股股东的终极控制权、终极所有权与研发投资显著负相关，即在研发投资上，股权激励会引起总经理与控股股东之间明显的分歧，也就是说两者之间存在明显的利益冲突。但进一步研究发现，终极控股股东的所有权、控制权并不能显著影响总经理股权激励对研发投资的激励效果。也就是说，控股股东与总经理之间的冲突并不会显著影响研发投资，这也就意味着控股股东并不能降低总经理股权激励的效果，总经理股权激励具有独立性。这一结论为我国上市公司的现代企业制度和公司治理的改进提供了经验证据。

综上所述，高管激励在解决传统股东与管理层之间第 I 类代理问题的同时，会造成控股股东与高管之间新的代理问题和利益冲突，加之控股股东和高管对企业经营具有直接且重要的影响，因此高管激励引发的这一利益冲突会对企业研发投资产生重要影响。特别是股权激励将股东与高管之间的第Ⅰ类代理问题转变成为大股东与小股东之间第Ⅱ类代理问题，这样就构建起两类代理问题并存时的理论分析框架，从而能够更加真实、客观地反映公司治理的实际。所以本书的研究有助于我们正确认识高管股权激励这一措施的作用和效果，有助于我们更加合理、科学地设计高管激励措施，从而降低企业内部的代理成本，促进企业治理机制的完善和内部治理效率的提升。

第二节　研究不足及展望

一、研究不足

虽然本书按照规范性和实证性研究方法对高管激励与终极控股股东利益冲突及其对研发投资的影响进行了分析，但由于这一研究领域才刚刚开始，因此本书的研究还存在着以下不足：

（1）研究样本。由于本书关注高管激励、终极控股股东以及两者冲突对研发投资的影响，所以本书研究样本局限于进行研发投资的企业，这样就导致本书的研究样本规模比较有限，而且因为数据的不足，本书研究采用的是 Pool 数据，而非 Panel 数据，这一不足可能会影响到本书研究的结论。

（2）研究方法。在公司治理理论研究中，内生性问题是一个十分突出的问题。当然，从现有的研究看，我们很难发现，高管激励措施的采用主要是为了企业研发活动，也就是说尚无证据或逻辑显示两者之间存在共同的影响因素，但我们也无法排除其他尚未认识的影响因素。所以，在本书中我们对这一问题有所认识，但由于控制变量的设置，使得我们没有合适的工具变量进行敏感性分析，从而也无法有效规避内生性问题可能对研究结论的影响。

（3）研究内容。本书尝试性地分析了高管激励的积极作用及产生的新问题，由于这一研究刚刚兴起，因此其研究内容还有待丰富和发展，本书只是从研发投资的角度分析了高管激励可能引起的冲突以及这一冲突的实际影响，而尚未分析和探讨高管激励与控股股东冲突对其他经营决策的影响。

二、研究展望

针对本书中存在的主要不足，未来的研究内容和研究方向主要有以下几个方面：

（1）采用周期更长、更加完美的数据对高管激励、终极控制权以及两者冲突对研发投资的影响进行再次的分析和验证，从而检验本书结论的正确性，推动高管激励与终极控制权冲突的研究。

（2）随着本领域研究的深入和发展，如何解决和规避本书中内生性问题是一个非常重要的问题。这一问题直接关系到本书结论的稳定性和真实性，因此这一研究是未来主要的发展方向。

（3）综合本书的研究和国内现有的研究，我们发现，有关高管激励与控股股东冲突的研究很少，有关这一冲突的客观性有待进一步检验，特别是有关这一冲突对企业主要经营决策如盈余管理、股利政策、筹融资政策、投资政策等诸多经营活动会产生何种影响仍有待进一步的探究。

参考文献

[1] 何俊. 上市公司治理结构的实证分析 [J]. 经济研究，1998，5（5）：51-58.

[2] 孙永祥. 上市公司的股权结构与绩效 [J]. 经济研究，1999，12（24）：24-31.

[3] 辛清泉，谭伟强. 市场化改革、企业业绩与国有企业经理薪酬 [J]. 经济研究，2009，11（23）：68-81.

[4] 方军雄. 我国上市公司高管的薪酬存在黏性吗？[J]. 经济研究，2009，3（3）：110-124.

[5] Abel A B，Mailath G J. Financing Losers in Competitive Markets [J]. Journal of Financial Intermediation，1994，3（3）：139-165.

[6] Allen F，Gale F. Diversity of Opinion and Financing of New Technologies [J]. Journal of Financial Intermediation，1999，8（8）：68-89.

[7] Barberis N，Thaler R. A Survey of Behavioral Finance [Z]. In：G M Constantinides，M Harris，and R Stultz（eds.），Handbook of the Economics of Finance，North Holland，Amsterdam，2003.

[8] Boot A W A，Thakor A V. Disagreement and Managerial Autonomy：A theory of Optimal Security Issuance and Capital Struc-

ture [D]. Working Paper, Washington University, 2010.

[9] Boot A W A, Gopalan R, Thakor A V. The Entrepreneur's Choice between Private and Public Ownership [J]. Journal of Finance, 2006, 61 (1): 803-836.

[10] Boot A W A, Gopalan R, Thakor A V. Market Liquidity, Investor Participation and Managerial Autonomy: Why Do Firms Go Private? [J]. Journal of Finance, 2008, 63 (3): 2013-2059.

[11] Dittmar A, Thakor A V. Why Do Firms Issue Equity? [J]. Journal of Finance, 2006, 62 (2): 1-54.

[12] Van den Steen E. Rational Overoptimism (and Other Biases) [J]. American Economic Review, 2004, 94 (4): 1141-1151.

[13] Van den Steen E. Organizational Beliefs and Managerial Vision [J]. Journal of Law, Economics, and Organization, 2005, 21 (3): 256-283.

[14] Van den Steen E. Interpersonal Authority in a Theory of the Firm [J]. American Economic Review, 2010, 100 (8): 466-490.

[15] 夏纪军，张晏. 控制权与激励的冲突——兼对股权激励有效性的实证分析 [J]. 经济研究，2008，51 (3)：87-98.

[16] 李维安，李汉军. 股权结构、高管持股与公司绩效——来自民营上市公司的证据 [J]. 南开管理评论，2006，9 (5)：4-10.

[17] Thakor A V, Whited T M. Shareholder-Manager Disagreement and Corporate Investment [J]. Review of Finance, 2010, 15 (2): 277-300.

[18] La Porta R, Lopez-de-Silanes F, Shleifer A. Corporate Ownership around the World [J]. Journal of Finance, 1999, 54 (5):

471–517.

[19] Claessens S, Djankov S, Lang L H P. The Separation of Ownership and Control in East Asian Corporations [J]. Journal of Financial Economics, 2000, 58 (4): 81–112.

[20] Faccio M, Lang L H P. The Ultimate Ownership of Western European Corporations [J]. Journal of Financial Economics, 2002, 65 (5): 365–395.

[21] Gadhoum Y, Lang L H P, Young L S F. Who Controls US? [J]. European Financial Management, 2005, 11 (3): 339–363.

[22] Shleifer A, Vishny R. The Limits of Arbitrage [J]. Journal of Finance, 1997, 52 (4): 35–55.

[23] Bebchuk, et al. A Preliminary Investigation of a Protein Kinase Cinhibitor in the Treatment of Acute Mania [J]. Archives of General Psychiatry, 2000, 57 (1): 95–97.

[24] Barontini R, Caprio L. The Effect of Ownership Structure and Family Control on Firm Value: Evidence from Continental Europe [J]. European Financial Management, 2006, 45 (12): 689–723.

[25] Atanasov V. How Much Value Can Blockholders Tunnel? Evidence from the Bulgarian Mass Privatization Auctions [J]. Journal of Financial Economics, 2005, 76 (8): 191–234.

[26] Chernykh L. Ultimate Ownership and Control in Russia [J]. Journal of Financial Economics, 2008, 88 (1): 169–192.

[27] Cronqvist H, Nilsson M. Agency Costs of Controlling Minority Shareholders [J]. Journal of Financial and Quantitative Analysis, 2003, 38 (6): 695–719.

[28] Bergstrom C, Rydqvist K. Ownership of Equity in Dual–

Class Firms [J]. Journal of Banking and Finance, 1990, 14 (9): 255-269.

[29] Haid A, Yurtoglu B B. Ownership Structure and Executive Compensation in Germany [EB/OL]. Available at SSRN, http://ssrn.com/abstract=948926, 2006.

[30] Orbay H, Yurtoglu B B. The Impact of Corporate Governance Structures on the Corporate Investment Performance in Turkey [J]. Corporate Governance: An International Review, 2006, 14 (10): 349-363.

[31] Gao L, Kling G. Corporate Governance and Tunnelling: Empirical Evidence from China [J]. Pacific-Basin Finance Journal, 2008, 16 (5): 591-605.

[32] Cheung Y L, Rau P R, Stouraitis A. Tunnelling, Propping and Expropriation: Evidence from Connected Party Transactions in Hong Kong [J]. Journal of Financial Economics, 2006, 82 (9): 343-386.

[33] Yeh Y H. Do Controlling Shareholders Enhance Corporate Value? [J]. Corporate Governance: An International Review, 2005, 13 (6): 313-325.

[34] Bertrand M, Mehta P, Mullainathan S. Ferreting out Tunnelling: An Application to Indian Business Groups [J]. Quarterly Journal of Economics, 2002, 117 (11): 121-148.

[35] Weinstein D E, Yafeh Y. On the Costs of the Bank-Centred Financial System: Evidence from the Changing Main Bank Relations in Japan [J]. Journal of Finance, 1998, 53 (5): 635-672.

[36] Bae K H, Kang J K, Kim J M. Tunnelling or Value Added?

Evidence from Mergers by Korean Business Groups [J]. Journal of Finance, 2002, 57 (12): 2695–2740.

[37] Joh S W. Corporate Governance and Firm Profitability: Evidence from Korea before the Economic Crisis [J]. Journal of Financial Economics, 2003, 68 (7): 287–322.

[38] Baek J S, Kang J K, Park K S. Corporate Governance and Firm Value: Evidence from the Korean Financial Crisis [J]. Journal of Financial Economics, 2004, 71 (9): 265–313.

[39] Baek J S, Kang J K, Lee I. Business Groups and Tunnelling: Evidence from Private Securities Offerings by Korean Chaebols [J]. Journal of Finance, 2006, 61 (7): 2415–2449.

[40] Villalonga B, Raphael A. How Do Family Ownership Control and Management Affect Firm Value? [J]. Journal of Financial Economics, 2006, 80 (1): 385–417.

[41] Gompers P A, Ishii L, Andrew M. Extreme Governance: An Analysis of Dual–Class Companies in the United States [J]. The Review of Financial Studies, 2010, 23 (3): 1051–1088.

[42] Attig N. Excess Control and the Risk of Corporate Expropriation: Canadian Evidence [J]. Canadian Journal of Administrative Sciences, 2007, 24 (2): 94–106.

[43] Bozec Y, Laurin C. Large Shareholder Entrenchment and Performance—Empirical Evidence from Canada [J]. Journal of Business Finance and Accounting, 2008, 35 (1–2): 25–49.

[44] Harvey C R, Lins K V, Andrew H R. The Effect of Capital Structure When Expected Agency Costs Are Extreme [J]. Journal of Finance Economics, 2004, 74 (1): 3–30.

[45] Degaard A B. Price Differences between Equity Classes: Corporate Control, Foreign Ownership or Liquidity? [J]. Journal of Banking and Finance, 2007, 31 (2): 3621-3645.

[46] King M R, Santor E. Family Values: Ownership Structure, Performance and Capital Structure of Canadian Firms [J]. Journal of Banking & Finance, 2008, 32 (2): 2423-2432.

[47] Wong Y J, Chang S C, Chen L Y. Does a Family-Controlled Firm Perform Better in Corporate Venturing? [J]. Corporate Governance: An International Review, 2010, 18 (3): 175-192.

[48] Chang S C, Wu W Y, Wong Y J. Family Control and Stock Market Reactions to Innovation Announcements [J]. British Journal of Management, 2010, 21 (3): 152-170.

[49] Masulis R W, Wang C, Xie F. Agency Problems at Dual-class Companies [J]. Journal of Finance, 2009, 64 (5): 1697-1727.

[50] Gugler K, Mueller D C, Yurtoglu B B. Corporate Governance and the Returns on Investment [J]. The Journal of Law and Economics, 2004, 47 (2): 589-633.

[51] Volpin P F. Governance with Poor Investor Protection: Evidence from Top Executive Turnover in Italy [J]. Journal of Financial Economics, 2002, 64 (2): 61-90.

[52] Faccio M, Lang L H P, Young L. Dividends and Expropriation [J]. The American Economic Review, 2001, 91 (10): 54-78.

[53] Gugler K, B B Yurtoglu. Corporate Governance and Dividend Pay-out Policy in Germany [J]. European Economic Review, 2003, 47 (4): 731-758.

[54] Leung O. The Impact of Ultimate Ownership and Investor

Protections on Dividend Policies [R]. Working Paper, The Chinese University of Hong Kong, 2004.

[55] Pinkowitz L, Stulz R, Williamson Y R. Do Firms in Country with Poor Protection of Investor Rights Hold More Cash? [J]. Journal of Finance, 2006, 27 (2): 2725–2751.

[56] Du J, Dai Y. Ultimate Corporate Ownership Structures and Capital Structures: Evidence from East Asian Economies [J]. Corporate Governance: An International Review, 2005, 13 (3): 60–71.

[57] Boubaker S. On the Relationship between Ownership Control Structure and Debt Financing: New Evidence from France [J]. Economica, 2005, 9 (3): 5–38.

[58] Aslan H, Kumar P. Controlling Shareholders, Ownership Structure and Bank Loans [R]. Working Paper, 2008.

[59] Shyu Y W, Lee C I. Excess Control Rights and Debt Maturity Structure in Family–controlled Firms [J]. Corporate Governance: An International Review, 2009, 17 (4): 611–628.

[60] Boubakri N, Ghouma H. Control/Ownership Structure, Creditor Rights Protection and the Debt Financing Costs and Ratings: International Evidence [J]. Journal of Banking & Finance, 2010, 34 (10): 2481–2499.

[61] Lin, et al. Ownership Structure and the Cost of Corporate Borrowing [J]. Journal of Financial Economics, 2011, 100 (1): 1–23.

[62] Lin C, Ma Y, Xuan Y H. Ownership Structure and Financial Constraints: Evidence from a Structural Estimation [J]. Journal of Financial Economics, 2011, 102 (1): 416–431.

[63] Bany-Ariffin A N, Fauzias M N, Carl B M J. Pyramidal Structure, Firm Capital Structure Exploitation and Ultimate Owners' Dominance [J]. International Review of Financial Analysis, 2010, 19 (5): 151-164.

[64] Dittmar A J, Mahrt S, Servaes H. International Corporate Governance and Corporate Cash Holdings [J]. Journal of Financial and Quantitative Analysis, 2003, 38 (6): 111-133.

[65] Kalcheva I, Lins K. International Evidence on Cash Holdings and Expected Managerial Agency Problems [J]. Review of Financial Studies, 2007, 17 (4): 1087-1112.

[66] Di Vito J, Laurin C, Bozec Y. R&D Activity in Canada: Does Corporate Ownership Structure Matter? [J]. Canadian Journal of Administrative Sciences, 2010, 27 (2): 107-121.

[67] Bae K, Kang J, Kim J. Tunneling or Value Added? Evidence from Mergers by Korean Business Groups [J]. Journal of Finance, 2002, 57 (6): 2695-2740.

[68] Faccio M, Masulis R W. The Choice of Payment Method in European Mergers and Acquisitions [J]. Journal of Finance, 2005, 60 (3): 1345-1388.

[69] Belot F. Excess Control Rights and Corporate Acquisitions [R]. Working Paper, University of Paris-dauphine, 2010.

[70] Caprio L, Croci E, Del-Giudice A. Ownership Structure, Family Control, and Acquisition Decisions [J]. Journal Corporate Finance, 2011, 17 (5): 1636-1657.

[71] Buysschaert A, Deloof M, Jegers M. Equity Sales in Belgian Corporate Groups: Expropriation of Minority Shareholders? A

Clinical Study [J]. Journal of Corporate Finance, 2004, 10 (1): 81–103.

[72] Faccio M, Stolin D. Expropriation vs. Proportional Sharing in Corporate Acquisitions [J]. Journal of Business, 2006, 79 (3): 1413–1444.

[73] Ben–Amar W, André P. Separation of Ownership from Control and Acquiring Firm Performance: The Case of Family Ownership in Canada [J]. Journal of Business Finance & Accounting, 2006, 33 (3/4): 517–543.

[74] Bigelli M, Mengoli S. Suboptimal Acquisition Decisions under a Majority Shareholder System [J]. Journal of Management & Governance, 2004, 8 (4): 373–405.

[75] Fan J P H, Wong T J. Do External Auditors Perform a Corporate Governance Role in Emerging Markets? Evidence from East Asia [J]. Journal of Accounting Research, 2005, 43 (1): 35–72.

[76] Tinaikar S. Executive Compensation Disclosure and Private Control Benefits: A Comparison of U. S. and Canadian Dual Class Firms [EB/OL]. Available at SSRN, http: //ssrn.com/abstract=951547, 2009.

[77] Haw, et al. Ultimate Ownership, Income Management, and Legal and Extra–Legal Institutions [J]. Journal of Accounting Research, 2004, 42 (3): 423–462.

[78] Francis J, Khurana I K, Pereira R. Disclosure Incentives and Effects on Cost of Capital around the World [J]. Accounting Review, 2005, 80 (3): 1125–1162.

[79] Liu Q, Lu Z. Corporate Governance and Earnings Management in Chinese Listed Companies: A Tunnelling Perspective [J].

Journal of Corporate Finance, 2007, 13 (1): 881-906.

[80] Aharony J, Wang J, Yuan H. Related Party Transactions: The "Real" Means of Earnings Management during the IPO Process in China [D]. Singapore National University, 2005.

[81] Ding Y, Zhang H, Zhang J. Private versus State Ownership and Earnings Management: Evidence from Chinese Listed Companies [J]. Corporate Governance: An International Review, 2007, 15 (11): 223-238.

[82] Ali A, Chen T Y, Radhakrishnan S. Corporate Disclosures by Family Firms [J]. Journal of Accounting and Economics, 2007, 44 (4): 238-286.

[83] Attig N, Gadhoum Y, Lang H P L. Bid-Ask Spread, Asymmetric Information and Ultimate Ownership [D]. Working Paper, Saint Mary's University, University of Quebec in Montreal and Chinese University of Hong Kong, 2002.

[84] Attig, et al. Effects of Large Shareholding on Information Asymmetry and Stock Liquidity [J]. Journal of Banking and Finance, 2006, 30 (6): 2875-2892.

[85] Lang M H, Lins K V, Miller D P. Concentrated Control, Analyst Following, and Valuation: Do Analysts Matter Most When Investors are Protected Least? [J]. Journal of Accounting Research, 2004, 42 (1): 589-623.

[86] Hu B B. Ultimate Ownership and Analyst Following [D]. The Chinese University of Hong Kong, 2004.

[87] Chu S Y T. Ultimate Ownership and the Cost of Capital [D]. The Chinese University of Hong Kong, 2008.

[88] Guedhami O, Mishra D. Excess Control, Corporate Gover-nance and Implied Cost of Equity: International Evidence [J]. Fi-nancial Review, 2009, 44 (4): 489-524.

[89] Laurin C, Bozec Y, Meier I. The Relation between Excess Control and Cost of Capital under Different Law Regimes [EB/OL]. Available at SSRN, http: //ssrn.com/abstract=1695735, 2010.

[90] Attig N, Guedhami O, Mishra D. Multiple Large Share-holders, Control Contests, and Implied Cost of Equity [J]. Journal of Corporate Finance, 2008, 14 (5): 721-737.

[91] Amoako-Adu B, Baulkaran V, Smith B F. Executive Compensation in Firms with Concentrated Control: The Impact of Dual Class Structure and Family Management [R]. Wilfrid Laurier University, Working Paper.

[92] Cronqvist, et al. Do Entrenched Managers Pay Their Workers More? [J]. The Journal of Finance, 2009, 64 (8): 309-339.

[93] Lemmon M L, Lins K V. Ownership Structure, Corpo-rate Governance, and Firm Value: Evidence from the East Asian Financial Crisis [J]. Journal of Finance, 2003, 58 (6): 1445-1468.

[94] Lins K V. Equity Ownership and Firm Value in Emerging Markets [J]. Journal of Financial and Quantitative Analysis, 2003, 38 (4): 159-184.

[95] Li K, Ortiz-Molina H, Zhao X. Do Voting Rights Affect Institutional Investment Decisions? Evidence from Dual-Class Firms [J]. Financial Management, 2008, 37 (1): 713-745.

[96] Reese W A J, Weisbach M S. Protection of Minority Share-holder Interests, Cross-listings in the United States, and Subsequent

Equity Offerings [J]. Journal of Financial Economics, 2002, 66 (7): 65-104.

[97] Doidge C U S. Cross-listings and the Private Benefits of Control: Evidence from Dual-class Firms [J]. Journal of Financial Economics, 2004, 72 (12): 519-553.

[98] Doidge C, Andrew G K, Stulz R M. Why are Foreign Firms Listed in the U. S. Worth More? [J]. Journal of Financial Economics, 2004, 71 (9): 205-238.

[99] Doidge, et al. Private Benefits of Control, Ownership, and the Cross-listing Decision [J]. The Journal of Finance, 2009, 64 (2): 425-466.

[100] Bozec Y, Laurin C. Large Shareholder Entrenchment and Performance: Empirical Evidence from Canada [J]. Journal of Business Finance & Accounting, 2008, 35 (1): 25-49.

[101] Jog V, Zhu P C, Dutta S. Impact of Restricted Voting Share Structure on Firm Value and Performance [J]. Corporate Governance: An International Review, 2010, 18 (5): 415-437.

[102] Anderson R, Mansi S, Reeb D. Founding Family Ownership and the Agency Cost of Debt [J]. Journal of Financial Economics, 2003, 68 (3): 263-285.

[103] Christian A, et al. Optimal Executive Compensation: Should Private Benefits Be Prohibited [J]. Revued Economic Politique, 2006, 34 (6): 831-846.

[104] Cronqvist H, Heyman F, Nilsson M. Do Entrenched Managers Pay Their Workers More [J]. Journal of Finance, 2009, 64 (1): 309-339.

[105] Andres C. Large Shareholders and Firm Performance–An Empirical Examination of Founding–family Ownership [J]. Journal of Corporate Finance, 2008, 14 (4): 431–445.

[106] Khalil S, Magnan M L. Dual Class Shares Structures: Entrenchment Alignment? Further Evidence from Firms Eliminating Dual–Class Shares [R]. Working Paper, Concordia University, 2009.

[107] 刘芍佳，孙霈，刘乃全. 终极产权论、股权结构及公司绩效 [J]. 经济研究，2003，38 (4)：51–62.

[108] 叶勇，黄雷. 终极控制股东、控制权溢价和公司治理研究 [J]. 管理科学，2004，17 (5)：9–14.

[109] 赵昌文，庄道军. 中国上市公司的有效控制权及实证研究 [J]. 管理世界，2004，17 (11)：126–135.

[110] 甄红线，史永东. 终极所有权结构研究 [J]. 中国工业经济，2008，11 (1)：108–118.

[111] 叶勇，胡培，黄登仕. 中国上市公司终极控制权及其与东亚、西欧上市公司的比较分析 [J]. 南开管理评论，2005，8 (3)：25–31.

[112] 叶勇，黄雷. 基于法系差异的终极控制权、现金流量权比较研究 [J]. 管理科学，2007，20 (5)：31–39.

[113] 王鹏，周黎安. 控股股东的控制权、所有权与公司绩效：基于中国上市公司的证据 [J]. 金融研究，2006，23 (2)：88–98.

[114] 谷祺，邓德强，路倩. 现金流权与控制权分离下的公司价值 [J]. 会计研究，2006，11 (4)：30–36.

[115] 曹裕，陈晓红，万光羽. 控制权、现金流权与公司价值——基于企业生命周期的视角 [J]. 中国管理科学，2010，18

(3)：185-192.

[116] 叶勇，刘波，黄雷. 终极控制权、现金流量权与企业价值——基于隐性终极控制论的中国上市公司治理实证研究 [J]. 管理科学学报，2007，10（2）：66-79.

[117] 许永斌，郑金芳. 中国民营上市公司家族控制权特征与公司绩效实证研究 [J]. 会计研究，2007，11 (11)：50-57.

[118] 张华，张俊喜，宋敏. 所有权与控制权分离对企业价值的影响——我国民营上市企业的实证研究 [J]. 经济学季刊，2004，39（3）：1-14.

[119] 邓建平，曾勇，李金诺. 最终控制、权力制衡和公司价值研究 [J]. 管理工程学报，2006，20（3）：26-32.

[120] 叶勇等. 控制权与现金流量权偏离下的公司价值与公司治理 [J]. 管理工程学报，2007，21（1）：71-76.

[121] 韩志丽，杨淑娥，史浩江. 民营金字塔结构下控制性少数股东隧道效应研究——来自我国上市公司的经验证据 [J]. 系统工程理论与实践，2007，20（6）：1-6.

[122] 张耀伟. 终极控制股东两权偏离与企业绩效：公司治理的中介作用 [J]. 管理科学，2009，22（3）：9-16.

[123] 张耀伟. 终极控制股东两权偏离、替代效应与公司价值 [J]. 管理工程学报，2011，25（3）：85-90.

[124] 杨淑娥，孙坤. 终极控制、自由现金流权约束与公司绩效——基于我国民营上市公司的经验证据 [J]. 会计研究，2009，4（4)：78-86.

[125] 石水平. 控制权转移、超额控制权与大股东利益侵占——来自上市公司高管变更的经验证据 [J]. 金融研究，2010，23（4)：160-176.

［126］沈艺峰，况学文，聂亚娟. 终极控股股东超额控制与现金持有量价值的实证研究［J］. 南开管理评论，2008，11（1）：15-23.

［127］罗琦，胡志强. 控股股东道德风险与公司现金策略［J］. 经济研究，2011，43（2）：125-137.

［128］邹怿，李凯，艾宝俊. 终极控制权、现金流权与公司全要素生产率［J］. 管理科学，2009，22（5）：2-12.

［129］李凯，邹怿. 金字塔控制、管理层持股与公司全要素生产率——来自中国制造业国有上市公司的经验证据［J］. 预测，2010，29（2）：13-20.

［130］冉戎，郝颖. 终极控制、利益一致性与公司价值［J］. 管理科学学报，2011，14（7）：83-94.

［131］党兴华，王雷. 剩余控制权、剩余索取权配置结构与国有上市公司绩效关系实证研究——基于超额控制与非超额控制视角的分析［J］. 预测，2009，28（4）：34-42.

［132］余明桂，夏新平. 控股股东、代理问题和关联交易：对中国上市公司的实证研究［J］. 南开管理评论，2004，7（6）：33-38.

［133］孙健. 终极控制权与资本结构的选择——来自沪市的经验证据［J］. 管理科学，2008，21（2）：18-25.

［134］邓建平，曾勇. 上市公司家族控制与股利决策研究［J］. 管理世界，2005（7）：110-119.

［135］雷光勇，刘慧龙. 市场化进程、最终控制人性质与现金股利行为［J］. 管理世界，2007（7）：120-128.

［136］邓淑芳，陈晓，姚正春. 终极所有权、层级结构与信息泄露——来自控制权转让市场的经验证据［J］. 管理世界，2007

(3)：122-129.

[137] 梁琪，郝项超. 最终控制人所有权和控制权对企业财务失败预警的影响——配对方法与嵌套模型的应用 [J]. 金融研究，2009，25（1）：107-121.

[138] 曾昭灶，李善明. 控制权转移中的盈余质量实证研究 [J]. 管理评论，2009，21（7）：105-112.

[139] 安灵，刘星，白艺昕. 股权制衡、终极所有权性质与上市企业非效率投资 [J]. 管理工程学报，2008，22（2）：122-129.

[140] 张栋. 终极控股股东、负债融资与企业非效率投资 [J]. 中国管理科学，2009，17（6）：177-185.

[141] 俞红海，徐龙炳，陈百助. 终极控股股东控制权与自由现金流过度投资 [J]. 经济研究，2010，46（8）：103-114.

[142] 豆中强，刘星，刘理. 控制权私利下的企业资本配置决策研究 [J]. 中国管理科学，2010，18（5）：152-158.

[143] 刘星，刘理，豆中强. 控股股东现金流权、控制权与企业资本配置决策研究 [J]. 中国管理科学，2010，18（6）：147-154.

[144] 蔡珍红，冉戎. 控制权私利、增长期权与非效率投资行为 [J]. 系统工程理论与实践，2011，31（1）：55-63.

[145] 李维安，钱先航. 终极控股股东的两权分离、所有制与经理层治理 [J]. 金融研究，2010，12（12）：80-98.

[146] 韩忠雪，朱荣林，王宁. 超额控制、董事会构成与公司多元化 [J]. 南开管理评论，2007，10（1）：16-20.

[147] 牛建波，李胜男. 控股股东两权偏离、董事会行为与企业价值：基于中国民营上市公司面板数据 [J]. 南开管理评论，

2007，2（2）：15-26.

［148］李学伟，马忠. 金字塔结构下多个控制性大股东的制衡效应［J］. 中国软科学，2007，7（7）：62-70.

［149］宋玉. 最终控制人性质、两权分离度与机构投资者持股——兼论不同类型机构投资者的差异［J］. 南开管理评论，2009，12（5）：55-64.

［150］韩亮亮，李凯. 控制权、现金流权与资本结构——一项基于我国民营上市公司面板数据的实证分析［J］. 会计研究，2008，3（3）：66-73.

［151］肖作平. 所有权和控制权的分离度、政府干预与资本结构选择——来自中国上市公司的实证证据［J］. 南开管理评论，2010，13（5）：144-152.

［152］涂瑞，肖作平. 终极所有权结构与债务期限结构选择［J］. 管理科学，2010，23（6）：35-41.

［153］苏坤，杨淑娥. 现金流权、控制权与资本结构决策——来自我国民营上市公司的证据［J］. 预测，2009，28（6）：18-23.

［154］陈健，席酉民. 上市公司集团归属、控制权集中度与关联并购的关系［J］. 系统工程，2008，26（1）：8-14.

［155］陈健，席酉民，贾隽. 上市公司控制权制衡与关联并购的关系研究［J］. 管理评论，2009，21（5）：3-12.

［156］马磊，徐向艺. 两权分离度与公司治理绩效实证研究［J］. 中国工业经济，2010，12（1）：108-116.

［157］叶勇，胡培，何伟. 上市公司终极控制权、股权结构及公司绩效［J］. 管理科学，2005，18（2）：58-64.

［158］曹廷求，杨秀丽，孙宇光. 股权结构与公司绩效：度量方法和内生性［J］. 经济研究，2007，42（10）：126-137.

［159］王雷，党兴华，杨敏利．两权分离度、剩余控制权、剩余索取权与公司绩效——基于两类国有上市公司的实证研究［J］．管理评论，2010，22（9）：24-35.

［160］黎来芳，王化成，张伟华．控制权、资金占用与掏空——来自中国上市公司的经验证据［J］．中国软科学，2008（8）：121-127.

［161］郭梦岚，李明辉．公司治理、控制权性质与审计定价［J］．管理科学，2009，22（6）：71-83.

［162］Morck R，Shleifer A，Vishny R. Management Ownership and Market Valuation［J］. Journal of Financial Economics，1988，20（3）：293-315.

［163］Short H，Keasey K. Managerial Ownership and the Performance of Firms：Evidence from the U. K.［J］. Journal of Corporate Finance，1999，5（79）：101-123.

［164］McConnell J J，Servaes H. Equity Ownership and the Two Face of Debt［J］. Journal of Financial Economics，1995，39（1）：131-157.

［165］Han K C，Suk D Y. The Effect of Ownership Structure on Firm Performance：Additional Evidence［J］. Review of Financial Economics，1998，7（2）：143-155.

［166］Ferst O，Kang S H. Corporate Governance，Expected Operating Performance，and Pricing［R］. Working Paper，Yale School of Management，New Haven，2000.

［167］张正堂，陶学禹．国外企业经营者报酬理论研究的新进展［J］．管理科学学报，2002，5（6）：84-90.

［168］Core J E，Guay W R，Larcker D F. Executive Equity

Compensation and Incentives: A Survey [J]. Economic Policy Review, 2003, 4 (4): 27-50.

[169] Bebchuk L A, Fried J M. Pay without Performance: Overview of the Issues [J]. Journal of Applied Corporate Finance, 2005, 17 (4): 8-22.

[170] Devers, et al. Executive Compensation: A Multidisciplinary Review and Synthesis of Recent Developments [J]. Journal of Management, 2007, 33 (4): 1016-1072.

[171] 周方召，刘文革. 股权激励效应研究新进展 [J]. 经济学动态，2008，11 (3)：112-115.

[172] 王烨. 关于股权激励效应的争论及其检验 [J]. 经济学动态，2009，8 (9)：107-111.

[173] 徐宁，徐向艺. 上市公司股权激励效应研究脉络梳理与不同视角比较 [J]. 外国经济与管理，2010，32 (7)：57-65.

[174] Jensen M, Meckling W. Theory of Finn Managerial Behavior, Agency Coats and Ownership Structure [J]. Journal of Financial Economics, 1976, 4 (8): 1121-1135.

[175] Jensen, Murphy. Performance Pay and Top-Management Incentives [J]. Journal of Political Economy, 1990, 98 (21): 225-264.

[176] Sulz R. Managerial Control of Voting Right, Financing Policies and the Market for Corporate Control [J]. Journal of Financial Economica, 1988, 20 (4): 25-54.

[177] Kosnik R D. Effects of Board Demography and Directors' Incentives on Corporate Greenmail Decisions [J]. Academy of Management Journal, 1990, 33 (6): 129-150.

［178］ Chung, Pruitt. Executive Ownership, Corporate Value, and Executive Compensation: A Unifying Framework ［J］. Journal of Banking & Finance, 1996, 20 (9): 1135-1159.

［179］ Agrawal A, Knoeber C R. Firm Performance and Mechanisms to Control Agency Problems between Managers and Shareholders ［J］. Journal of Financial and Quantitative Analysis, 1996, 31 (10): 377-397.

［180］ Anderson M C, Banker R D, Ravindran S. Executive Compensation in the Information Technology Industry ［J］. Management Science, 2000, 46 (4): 530-547.

［181］ Certo, et al. Wealth and the Effects of Founder Management among IPO Stage New Ventures ［J］. Strategic Management Journal, 2001, 22 (11): 641-659.

［182］ Core J E, Larcker D F. Performance Consequences of Mandatory Increases in Executive Stock Ownership ［J］. Journal of Financial Economics, 2002, 64 (3): 317-340.

［183］ Dalton, et al. Meta-analysis of Financial Performance and Equity: Fusion or Confusion? ［J］. Academy of Management Journal, 2003, 46 (10): 13-26.

［184］ Jensen M C, Murphy K J, Wruck E G. Remuneration: Where We've Been, How We Got to Here, What Are the Problems, and How to Fix Them. Harvard NOM Working Paper ［EB/OL］. Available at SSRN: http: //ssrn.com/abstract=561305, 2004.

［185］ Mehran H, Nogler G E, Schwartz K B. CEO Incentive Plans and Corporate Liquidation Policy ［J］. Journal of Financial Economics, 1998, 50 (3): 319-349.

[186] Bliss R T, Rosen R J. CEO Compensation and Bank Mergers [J]. Journal of Financial Economics, 2001, 61 (1): 107-138.

[187] Nagar V, Nanda D, Wysocki P. Discretionary Disclosure and Stock-based Incentives [J]. Journal of Accounting & Economics, 2003, 34 (1-3): 283-309.

[188] Bitler M P, Moskowitz T J, Vissing-Jorgensen A. Testing Agency Theory with Entrepreneur Effort and Wealth [J]. Journal of Finance, 2005, 60 (2): 539-576.

[189] Becker B. Wealth and Executive Compensation [J]. Journal of Finance, 2006, 61 (1): 379-397.

[190] Desai M A, Dharmapala D. Corporate Tax Avoidance and High Powered Incentives [J]. Journal of Financial Economics, 2006, 79 (10): 145-179.

[191] 周建波，孙菊生. 经营者股权激励的治理效应研究——来自中国上市公司的经验证据 [J] .经济研究，2003，5 (5): 74-93.

[192] 李斌，孙月静. 经营者股权激励、约束条件与公司业绩——基于民营上市公司的实证分析 [J]. 中国软科学，2009，8 (8): 119-131.

[193] 游春. 股权激励、董事会、TMT 团队与经营绩效——基于中国上市公司的实证分析 [J]. 管理评论，2010，22 (9): 3-13.

[194] Bebchuk F. Executive Compensation as an Gency Problem [J]. Journal of Economic Perspectives, 2003, 34 (4): 17-92.

[195] Demsetz H, Lehn K. The Structure of Corporate Owner-

ship; Causes and Consequences [J]. Journal of Political Economy, 1985, 93 (5): 1155-1177.

[196] Claessens S, Djankov S. Managers, Incentives, and Corporate Performance: Evidence from the Czech Republic [R]. World Bank, Working Paper, 1998.

[197] Sanders W G. Behavioral Responses of CEOs to Stock Ownership and Stock Option Pay [J]. Academy of Management Journal, 2001, 44 (3): 477-492.

[198] Fenn G W, Liang N. Corporate Payout Policy and Managerial Stock Incentives [J]. Journal of Financial Economics, 2001, 60 (1): 45-72.

[199] 魏刚. 高级管理层激励与上市公司经营绩效 [J]. 经济研究, 2000, 31 (3): 112-121.

[200] 高明华. 中国企业经营者行为内部制衡与经营绩效的相关性分析 [J]. 南开管理评论, 2001, 5 (5): 33-41.

[201] 谌新民, 刘善敏. 上市公司经营者报酬结构性差异的实证研究 [J]. 经济研究, 2003, 34 (8): 134-154.

[202] 顾斌, 周立烨. 我国上市公司股权激励实施效果的研究 [J]. 会计研究, 2007, 2 (2): 23-35.

[203] 李燕萍, 孙红, 张银. 高管报酬激励、战略并购重组与公司绩效——来自中国 A 股上市公司的实证 [J]. 管理世界, 2008, 12 (12): 177-179.

[204] McConell J, Servaea H. Additional Evidence on Equity Ownership and Corporate Value [J]. Journal of Financial Economica, 1990, 27 (12): 595-612.

[205] Hermalin B E, Weisbach M S. The Effects of Board

Coposition and Direct Incentives on Firm Performance [J]. Financial Management, 1991, 20 (3): 101-112.

[206] Himmelberg C P, Hubbard R G, Palia D. Understanding the Determinants of Managerial Ownership and the Link between Ownership and Performance [J]. Journal of Financial Economics, 1999, 53 (12): 353-384.

[207] Miguel A J, Pindado C T. Ownership Structure and Firm Value: New Evidence from the Spanish Corporate Governance System [D]. Working Paper, 2001.

[208] 吴淑琨. 股权结构与公司绩效的 U 型关系研究 [J]. 中国工业经济, 2002, 1 (1): 15-23.

[209] 王华, 黄之骏. 经营者股权激励、董事会组成与企业价值 [J]. 管理世界, 2006, 9 (9): 101-116.

[210] 韩亮亮, 李凯, 宋力. 高管持股与企业价值——基于利益趋同效应和壕沟防守效应的经验研究 [J]. 南开管理评论, 2006, 9 (4): 35-41.

[211] 李新春等. 内部人所有权与企业价值——对中国民营上市公司的研究 [J]. 经济研究, 2008, 11 (11): 27-39.

[212] 黄桂田, 张悦. 企业改革 30 年: 管理层激励效应——基于上市公司的样本分析 [J]. 金融研究, 2008, 12 (12): 101-112.

[213] Boone, et al. The Determinants of Corporate Board Size and Composition: An Empirical Analysis [J]. Journal of Financial Economics, 2007, 85 (6): 66-101.

[214] 冯根福, 温军. 中国上市公司治理与企业技术创新关系的实证分析 [J]. 中国工业经济, 2008, 7 (7): 91-101.

[215] Hill C W L, Snell S A. External Control, Corporate Strategy, and Firm Performance in Research-intensive Industries [J]. Strategic Management Journal, 1988, 19 (2): 577-590.

[216] Zahra S A. Governance, Ownership, and Corporate Entrepreneurship: The Moderating Impact of Industry Technological Opportunities [J]. Academy of Management Journal, 1996, 39 (10): 1713-1735.

[217] Baysinger B D, Kosnik R D, Turk T A. Effects of Board and Ownership Structure on Corporate R&D Strategy [J]. Academy of Management Journal, 1991, 34 (1): 205-215.

[218] Coles J, Daniel N, Naveen L. Boards: Does One Size Fit All? [J]. Journal of Financial Economics, 2008, 87 (2): 329-356.

[219] Zahra S A, Neubaum D O, Huse M. Entrepreneurship in Medium-size Companies: Exploring the Effects of Ownership and Governance System [J]. Journal of Management, 2000, 26 (5): 947-976.

[220] Bantel K A, Jackson S E. Top Management and Innovation in Banking: Does the Composition of the Top Team Make a Difference? [J]. Strategic Management Journal, 1989, 10 (1): 107-124.

[221] Chaganti R, Sambharya R. Strategic Orientation and Characteristics of Upper Management [J]. Strategic Management Journal, 1987, 8 (8): 393-401.

[222] Deallenbach U S, McCarthy A M, Schoenecher T S. Commitment to Innovation: The Impact of Top Management Team

Characteristics [J]. R&D Management, 1999, 29 (2): 199-209.

[223] Dalziel T, Gentry R J, Bowerman M. An Integrated Agency-Resource Dependence View of the Influence of Directors' Human and Relational Capital on Firms' R&D Spending [J]. Journal of Management Studies, 2011, 48 (7): 1217-1242.

[224] Thomas A S, Litschert R J, Ramaswamy K. The Performance Impact of Strategy-manager Coalignment: An Empirical Examination [J]. Strategic Management Journal, 1991, 12: 509-522.

[225] Barker V L, Mueller G C. CEO Characteristics and Firm R&D Spending [J]. Management Science, 2002, 48 (6): 782-801.

[226] Lundstrum L L. Corporate Investment Myopia: A Horserace of the Theories [J]. Journal of Corporate Finance, 2002, 8 (8): 353-371.

[227] Datta D K, Guthrie J P. Executive Succession: Organizational Antecedents of CEO Characteristics [J]. Strategic Management Journal, 1994, 15 (6): 569-577.

[228] Lin, et al. Managerial Incentives, CEO Characteristics and Corporate Innovation in China's Private Sector [J]. Journal of Comparative Economics, 2011, 39 (2): 176-190.

[229] Wu S, Levitas E, Priem R L. CEO Tenure and Company Invention under Differing Levels of Technological Dynamism [J]. Academy of Management Journal, 2005, 48 (5): 859-873.

[230] Holthausen R W, Larcker D F, Sloan R G. Business Unit Innovation and the Structure of Executive Compensation [J]. Journal of Accounting and Economics, 1995, 19 (4): 279-313.

[231] Guay W R. The Sensitivity of CEO Wealth to Equity Risk:

An Analysis of the Magnitude and Determinants [J]. Journal of Financial Economics, 1999, 53 (1): 43-71.

[232] Ryan H E, Wiggins R A. The Interactions between R&D Investment Decisions and Compensation Policy [J]. Financial Manage ment, 2002 (1): 5-29.

[233] Cui H, Mak Y T. The Relationship between Managerial Ownership and Firm Performance in High R&D Firms [J]. Journal of Corporate Finance, 2002 (8): 313-336.

[234] Xue Y F. Make or Buy New Technology—A CEO Compensation Contract's Role in a Firm's Route to Innovation, MIT Sloan School of Management [D]. Working Paper, 2003.

[235] Cheng S J. R&D Expenditures and CEO Compensation [J]. The Accounting Review, 2004, 79 (2): 305-328.

[236] Billings B A, Musazi B G N, Moore J W. The Effect of Funding Source and Management Ownership on the Productivity of R&D [J]. R&D Management, 2004, 34 (3): 281-294.

[237] Coles J L, Naveen D D, Naveen L. Managerial Incentives and Risk-taking [J]. Journal of Financial Economics, 2004 (79): 431-468.

[238] Foss N J, Laursen K. Performance Pay, Delegation and Multitasking under Uncertainty and Innovativeness: An Empirical Investigation [J]. Journal of Economic Behavior & Organization, 2005, 58 (2): 246-276.

[239] Lerner J, Wulf J. Innnovation and Incentives: Evidence from Corporate R&D [J]. Review of Economics and Statistics, 2007 (89): 634-644.

[240] 李春涛，宋敏. 中国制造业企业的创新活动：所有制和 CEO 激励的作用 [J]. 经济研究，2010（5）：55-67.

[241] Wu J F，Tu R. CEO Stock Option Pay and R&D Spending：A Behavioral Agency Explanation [J]. Journal of Business Research，2007，60（5）：482-492.

[242] Cosh A，Fu X，Hughes A. Management Characteristics，Managerial Ownership and Innovative Efficiency in High-technology Industry [D]. SLPTMD Working Paper Series，Oxford，2007（7）：7-14.

[243] Beyer M，et al. Managerial Ownership，Entrenchment and Innovation，Open access Publication from Katholieke University Leuven [D] . Katholieke University Leuven，2011.

[244] Balkin D B，Markman G D，Gomez-Mejia L R. Is CEO Pay in High-Technology Firms Related to Innovation? [J]. Academy of Management Journal，2000，43（6）：1118-1120.

[245] Hoskisson R E，Hitt M A，Hill C W L. Managerial Incentives and Investment in R&D in Large Multiproduct Firms [J]. Organization Science，1993，4（2）：325-341.

[246] Kor Y Y. Direct and Interaction Effects of Top Management Team and Board Compositions on R&D Investment Strategy [J]. Strategic Management Journal，2006（27）：1081-1099.

[247] Galende J，Suarez I. A Resource-based Analysis of the Factors Determining a Firm's R&D Activities [J]. Research Policy，1999（28）：891-905.

[248] Pugh W N，Jahera J J S，Oswald S. ESOPs，Takeover Protection，and Corporate Decision Making [J]. Journal of Economics

and Finance, 1999, 23 (2): 170-183.

[249] Core J E, Guay W R. Stock Option Plan for Non-executive Employees [J]. Journal of Financial Economics, 2001 (61): 253-287.

[250] Yanadori Y, Marler J H. Strategic Compensation: Does Business Strategy Influence Compensation in High-technology Firms? [J]. Strategic Management Journal, 2006 (27): 559-570.

[251] Acs Z J, Audretsch D B. Innovation in Large and Small Firms: An Empirical Analysis [J]. American Economic Review, 1988, 78 (4): 678-690.

[252] Menezes Filho N U D, Van Reenen J. The Determination of R&D: Empirical Evidence on the Role of Unions [J]. European Economic Review, 1998 (42): 919-930.

[253] Bound J, et al. Who Does R&D and Who Patents? [D]. In R&D, Patents and Productivity (ed. Z. Griliches). Chicago: University of Chicago Press for the National Bureau of Economic Research, 1984.

[254] Cohen W M, Levin R, Mowery D. Firm Size and R&D Intensity: A Re-examination [J]. Journal of Industrial Economics, 1987 (35): 543-565.

[255] Link A N, Seaks T G, Woodbery S R. Firm Size and R&D Spending: Testing for Functional Form [J]. Southern Economic Journal, 1988 (54): 1027-1032.

[256] Cohen W M, Klepper S. A Reprise of Size and R&D [J]. The Economic Journal, 1996 (106): 925-951.

[257] Busom. An Empirical Evaluation of the Effects of R&D

Subsidies [J]. Economics of Innovation and New Technology, 2000, 9 (2): 111-148.

[258] Shefer D, Fenkel A. R&D, Firm Size and Innovation: An Empirical Analysis [J]. Technovation, 2005 (25): 25-32.

[259] Mansfield E. Industrial Research and Development Expenditures: Determinants, Prospects, and Relation of Size of Firm and Inventive Output [J]. Journal of Political Economy, 1964 (72): 319-340.

[260] Scherer F M. Firm Size, Market Structure, Opportunity and the Output of Patented Inventions [J]. American Economic Review, 1965 (55): 1097-1123.

[261] Grabowski H G. The Determinants of Industrial Research and Development: A Study of the Chemical, Drug and Petroleum Industries [J]. Journal of Political Economy, 1968 (76): 292-306.

[262] Soete L L G. Firm Size and Innovative Activity: The Evidence Reconsidered [J]. European Economic Review, 1979 (12): 319-340.

[263] Acs Z, Audretsch D B. R&D, Firm Size, and Innovative Activity, In Innovation and Technological Change: An International Comparison (ed. Z. J. Acs and D. B. Audretsch) [M]. New York: Harvester Wheatsheaf, 1991.

[264] Pavitt K, Robson M, Townsend J. The Size Distribution of Innovating Firms in the UK: 1945-1983 [J]. Journal of Industrial Economics, 1987 (35): 297-316.

[265] 金玲娣，陈国宏. 企业规模与 R&D 关系实证研究 [J]. 科研管理，2001，22 (1)：51-57.

［266］柴俊武，万迪昉. 企业规模与 R&D 投入强度关系的实证分析［J］. 科学学研究，2003，21（1）：58-62.

［267］安同良，施浩，Alcorta L. 中国制造业企业 R&D 行为模式的观测与实证［J］. 经济研究，2006（2）：21-30.

［268］张杰，刘志彪，郑江淮. 中国制造业企业创新活动的关键影响因素研究——基于江苏省制造业企业问卷的分析［J］. 管理世界，2007（6）：64-74.

［269］Baysinger B，Hoskisson R E. Diversification Strategy and R&D Intensity in Multiproduct Firms［J］. Academy of Management Journal，1989，32（2）：310-332.

［270］Hall B H. Investment and Research and Development at the Firm Level：Does the Source of Financing Matter?［D］. NBER Working Paper，1992.

［271］Himmelberg C P，Petersen B C. R&D and Internal Finance：A Panel Study of Small Firms in High Tech Industries［J］. Review of Economics and Statistics，1994（76）：38-51.

［272］Grabowski H G，Vernon J M. The Determinants of Pharmaceutical Research and Development Expenditures［J］. Journal of Evolutionary Economics，2000（10）：201-215.

［273］Bougheas S，Goerg H，Strobl E. Is R&D Financially Restrained? Theory and Evidence from Irish Manufacturing，GEP Research Paper［D］. Leverhulme Center，University of Nottingham，2001.

［274］Bhagat S，Welch Ivo. Corporate Research and Development Investment：International Comparison［J］. Journal of Accounting and Economics，1995，19（4）：443-470.

[275] Bond S, Harhoff D, Van Reenen J. Investment, R&D and Financial Constraints in Britain and Germany [D]. Institute of Fiscal Studies Working Paper, 1999.

[276] Long M, Malitz I. Investment Patterns and Financial Leverage, in B. M. Friedman (ed.), Corporate Capital Structure in the U. S. [M]. Chicago: University of Chicago Press, 1985.

[277] Hosono K, Tomiyama M, Miyagawa T. Corporate Governance and Research and Development: Evidence from Japan [J]. Economics of Innovation and New Technologies, 2004 (13): 141–164.

[278] Griffiths W, Webster E. The Determinants of Research and Development and Intellectual Property Usage among Australian Companies, 1989 to 2002 [D]. Melbourne Institute Working Paper, 2004.

[279] Hall B H. The Impact of Corporate Restructuring on Industrial Research and Development [J]. Brookings Papers on Economic Activity: Microeconomics, 1990 (1): 85–124.

[280] Hoskisson R E, Hitt M A. Strategic Control Systems and Relative R&D Investment in Large Multiproduct Firms [J]. Strategic Management Journal, 1988 (9): 605–621.

[281] Jensen G R, Johnson J M. The Dynamics of Corporate Dividend Reductions [J]. Financial Management, 1995, 24 (4): 31–51.

[282] Czarnizki D, Kraft K. Management Control and Innovative Activity [J]. Review of Industrial Organization, 2004 (24): 1–24.

[283] Munari F, Oriani R, Sobreo M. The Effect of Owner Identity and Financial Markets Affect R&D Investments? An Analysis

of Western European Firms [J]. Annual Meeting of the Academy of Management, 2005 (8): 7-14.

[284] Chen H L, Hsu W T. Family Ownership, Board Independence, and R&D Investment [J]. Family Business Review, 2009 (22): 347-362.

[285] Fernando M B, Maria S B. The Impact of Family Involvement on the R&D Intensity of Publicly Traded Firms [J]. Famliy Business Review, 2011, 24 (1): 62-70.

[286] Jarrell G A, Lehn K, Marr W. Institutional Ownership, Tender Offers and Long-term Investment, Working Paper, Office of the Chief Economist, Securities and Exchange Commission [D]. Washington, DC, 1985.

[287] Hill C W L, Hansen G S. Institutional Holdings and Corporate R&D Intensity in Research Intensive Industries [J]. Academy of Management Best Paper Proceedings, 1989 (1): 17-21.

[288] Hansen G S, Hill C W L. Are Institutional Investors Myopic? A Time-series Study of Four Technology-driven Industries [J]. Strategic Management Journal, 1991 (12): 1-16.

[289] Baysinger B D, Kosnik R D, Turk T A. Effects of Board and Ownership Structure on Corporate R&D Strategy [J]. Academy of Management Journal, 1991, 34 (1): 205-215.

[290] Kochhar P, David P. Institutional Investors and Firm Innovation: A Test of Competing Hypotheses [J]. Strategic Management Journal, 1996, 17 (1): 73-84.

[291] Bushee B J. The Influence of Institutional Investors on Myopic R&D Investment Behavior [J]. The Accounting Review,

1998，73（3）：305-333.

［292］ Wahal S，McConnell J J. Do Institutional Investors Exacerbate Managerial Myopia?［J］. Journal of Corporate Finance，2000，6（1）：307-329.

［293］任海云. 股权结构与企业 R&D 投入关系的实证研究——基于 A 股制造业上市公司的数据分析［J］. 中国软科学，2010（5）：126-135.

［294］ Zahra S A. Governance，Ownership，and Corporate Entrepreneurship：The Moderating Impact of Industry Technological Opportunities［J］. Academy of Management Journal，1996（39）：1713-1735.

［295］ David P，Hitt M A，Gimeno J. The Influence of Activism by Institutional Investors on R&D［J］. Academy of Management Journal，2001，44（1）：144-157.

［296］ Hoskisson R E，Hitt M A，Johnson R A，Grossman W. Conflicting Voice：The Effect of Institutional Ownership Heterogeneity and Internal Governance on Corporate Innovation Strategies［J］. Academy of Management Journal，2002，45（4）：697-716.

［297］ Aghion P，John V R，Zingales L. Innovation and Institutional Ownership［R］. NBER Working Paper，2009.

［298］ Graves S B. Institutional Ownership and Corporate R&D in the Computer Industry［J］. Academy of Management Journal，1988（31）：417-427.

［299］ Yafeh Y，Yosha O. Large Shareholders and Banks：Who Monitors and How?［J］. The Economic Journal，2003，113（1）：128-146.

[300] Lee P M. A Comparison of Ownership Structures and Innovations of US and Japanese Firms [J]. Managerial and Decision Economics, 2005, 26 (1): 39-50.

[301] Berrone P, Surroca J, Tribó J A. The Influence of Blockholders on R&D Investments Intensity: Evidence from Spain, Working Paper [D]. Departamento de Economía de la Empresa, 2005.

[302] Francis F, Smith A. Agency Costs and Innovation Some Empirical Evidence [J]. Journal of Accounting and Economics, 1995 (19): 383-409.

[303] Ortega-Argilés R, Moreno R, Suriñach C J. Ownership Structure and Innovation: Is there a Real Link? [J]. The Annals of Regional Science, 2005, 39 (4): 637-662.

[304] Smith V, Madsen E S, Dilling-Hansen M. Investment in R&D and Corporate Governance [J]. Quarterly Journal of Economic Research, 2003, 70 (2): 263-274.

[305] Marin D. Structural Change through Exchange Rate Policy [J]. Review of World Economics, 1985, 121 (3): 471-491.

[306] Zimmermann K F. Trade and Dynamic Efficiency [J]. Kyklos, 1987, 40 (1): 73-87.

[307] Ito K, Pucik V. R&D Spending, Domestic Competition, and Export Performance of Japanese Manufacturing Firms [J]. Strategic Management Journal, 1993 (14): 61-75.

[308] Blundell R, Griffith R, Van Reenen J. Market Share, Market Value and Innovation in a Panel of British Manufacturing Firms [J]. Review of Economic Studies, 1999, 66 (3): 529-554.

[309] 陈仲常，余翔. 企业研发投入的外部环境影响因素研

究——基于产业层面的面板数据分析［J］. 科研管理，2007，28（2）：78-84.

［310］ 张化尧，史小坤. 大中型企业 R&D 投入影响因素和技术现状分析［J］. 科研管理，2010，30（2）：33-39.

［311］ Zietz J，Fayissa B. R&D Expenditures and Import Competition：Some Evidence for the US［J］. Review of World Economics，1992，128（1）：52-66.

［312］ Veugelers R，Vanden Houte P. Domestic R&D in the Presence of Multinational Enterprises［J］. International Journal of Industrial Organization，1990，8（1）：1-15.

［313］ Scherer F M，Huh K. R&D Reactions to High-Technology Import Competition［J］. Review of Economics and Statistics，1992，74：202-212.

［314］ Symeonidis G. Price Competition，Non-price Competition and the Market Structure：Theory and Evidence from the UK［J］. Economica，2000，67（267）：437-456.

［315］ Scherer F M. Market Structure and the Employment of Scientists and Engineers［J］. American Economic Review，1967（57）：524-531.

［316］ Scott J T. Firm versus Industry Variability in R&D Intensity，in Zvi Griliches，ed.，R&D，Patents，and Productivity［M］. Chicago：University of Chicago Press，1984.

［317］ Levin R C，Cohen W M，Mowery D C. R&D Appropriability，Opportunity and Market Structure：New Evidence on Some Schumpeterian Hypotheses［J］. American Economic Review，1985（75）：20-24.

[318] Hitt, et al. The Market for Corporate Control and Firm Innovation [J]. Academy of Management Journal, 1996, 39 (5): 1084-1119.

[319] Hoskisson R E, Johnson R A. Corporate Restructuring and Strategic Change: The Effect on Diversification Strategy and R&D Intensity [J]. Strategic Management Journal, 1992 (13): 625-634.

[320] Hitt, et al. Are Acquisitions a Poison Pill for Innovation? [J]. Academy of Management Journal, 1991, 5 (4): 22-34.

[321] Hitt, et al. The Effects of Acquisitions on R&D Input and Output [J]. Academy of Management Journal, 1991, 34 (3): 693-706.

[322] Meulbroek, et al. Shark Repellents and Managerial Myopia: An Empirical Test [J]. The Journal of Political Economy, 1990, 98 (5): 1108-1117.

[323] Pugh W N, Page D E, Jahera J S Jr. Antitakeover Charter Amendments: Effects on Corporate Decisions [J]. Journal of Financial Research, 1992 (15): 57-68.

[324] Johnson M S, Rao R P. The Impact of Antitakeover Amendments on Corporate Financial Performance [J]. The Financial Review, 1997, 32 (3): 659-690.

[325] Hoskisson R E, Johnson R A. Corporate Restructuring and Strategic Change: The Effect on Diversification Strategy and R&D Intensity [J]. Strategic Management Journal, 1992 (13): 625-634.

[326] Klette T J, Moen J, Griliches Z. Do Subsidies to Com-

mercial R&D Reduce Market Failures? Microeconomic Evaluation Studies [J]. Research Policy, 2000 (29): 471-495.

[327] Hall B H, van Reenen J. How Effective are Fiscal Incentives for R&D? A Review of the Evidence [J]. Research Policy, 2000 (29): 449-469.

[328] 朱平芳，徐伟民. 政府的科技激励政策对大中型工业企业 R&D 投入及其专利产生的影响——上海市的实证研究 [J]. 经济研究，2003（6）：45-53.

[329] Czarnitzki D, Fier A. Do R&D Subsidies Matter? —Evidence for the German Service Sector [R]. CEER Mannheim Working Paper, 2001.

[330] Bloom N, Griffith R, van Reenen John. Do R&D Tax Credit Work? Evidence from an International Panel of Countries 1979-1997 [J]. Journal of Public Economics, 2002 (85): 1-31.

[331] Hyytinen A, Toivanen Otto. Do Financial Constraints Hold back Innovation and Growth? [J]. Evidence on the Role of Public Policy, Research Policy, 2005 (34): 1385-1403.

[332] 程华，赵祥. 政府科技资助对企业 R&D 产出的影响——基于我国大中型工业企业的实证研究 [J]. 科学学研究，2008，20（3）：519-525.

[333] 程华，赵祥. 企业规模、研发强度、资助强度与政府科技资助的绩效关系研究——基于浙江民营科技企业的实证研究 [J]. 科研管理，2008，29（2）：37-43.

[334] 解维敏，唐清泉，陆姗姗. 政府 R&D 资助、企业 R&D 支出与自主创新 [J]. 金融研究，2009（6）：86-99.

[335] Mamuneas T P, Nadiri M I. Public R&D Policies and

Cost Behavior of the US Manufacturing Industries [J]. Journal of Public Economics, 1996, 3 (1): 57-81.

[336] Guellec D, van-Pottelsberghe B. Does Government Support Stimulate Private R&D? [J]. OECD Economic Studies, 1997, 29 (2): 95-122.

[337] Guellec D, Ioannidis E. Causes of Fluctuations in R&D Expenditures: A Quantitative Analysis [J]. OECD Economic Studies, 1997, 29 (2): 123-138.

[338] Busom I. An Empirical Evaluation of the Effects of R&D Subsidies [J]. Economics of Innovation and New Technology, 2000, 9 (2): 111-148.

[339] Lach S. Do R&D Subsidies Stimulate or Displace Private R&D? Evidence from Israel [R]. NBER Working Paper, 2000.

[340] David P A, Hall B H, Toole A A. Is Public R&D a Complement or Substitute for Private R&D? A Review of the Econometric Evidence [J]. Research Policy, 2000 (29): 497-529.

[341] Jaffe A B. Real Effect of Academic Research [J]. American Economic Review, 1989, 79 (5): 957-970.

[342] Acs Z J, Audretsch D B, Feldman M P. Real Effect of Academic Research: Comment [J]. American Economic Review, 1992 (82): 363-367.

[343] Jaffe A B, Tragtenberg M, Henderson R. Geographic Location of Knowledge Spillovers, as Evidenced by Patent Citations [J]. Quarterly Journal of Economics, 1993, 108 (3): 577-598.

[344] Adams J D, Chiang E P, Jesen. The Influence of Federal Laboratory R&D on Industrial Research [D]. NBER Working Paper,

2000 (3).

[345] Shefer D, Frenkel A. Local Milieu and Innovation: Some Empirical Results [J]. The Annals of Regional Science, 1998 (32): 185-200.

[346] Audretsch D B, Feldman M. R&D Spillovers and the Geography of Innovation and Production [J]. American Economic Review, 1996, 86 (4): 253-273.

[347] Audretsch D B. Agglomeration and Location of Innovative Activity [J]. Oxford Review of Economic Policy, 1998, 14 (2): 18-29.

[348] Helfat C E. Know-how and Asset Complementarity and Dynamic Capability Accumulation: The Case of R&D [J]. Strategic Management Journal, 1997, 18 (5): 339-360.

[349] Sorensen J B, Stuart T E. Aging, Obsolescence, and Organizational Innovation [J]. Administrative Science Quarterly, 2000, 45 (1): 81-112.

[350] Mahich J C, Roediger-Schluga T. The Determinants of Pharmaceutical R&D Expenditures: Evidence from Japan [J]. Review of Industrial Organization, 2006, 4 (28): 145-164.

[351] 张曙光. 90 年代的中国改革和宏观经济 [J]. 经济研究, 1996 (6): 21-30.

[352] 蔡建春, 李汉铃. 中国上市公司治理的演进、现状及其改善 [J]. 经济管理, 2002 (9): 148-149.

[353] 陈工孟. 现代企业代理问题和国有企业改革 [J]. 经济研究, 1997 (10): 43-45.

[354] 青木昌彦. 对内部控制的控制: 转轨经济中公司治理

的若干问题［J］. 改革，1994（6）：11-24.

［355］陈湘永，张剑文，张伟文. 我国上市公司“内部控制人”研究［J］. 管理世界，2002（4）：103-109.

［356］Zhou，L. The Nasb Bargaining Theory with Non-Convex Problems［J］. Econometrica，1997，65（3）：681-685.

［357］Aggarwal R K，Samwick A A. Why Do Managers Diversify Their Firms? Agency Reconsidered［J］. The Journal of Finance，2003（58）：71-118.

［358］Morellec E. Can Managerial Discretion Explain Observed Leverage Ratios?［J］. Review of Financial Studies，2004，17（1）：257-294.

［359］Dyck A，Zingales L. Private Benefits of Control：An International Comparison［J］. Journal of Finance，2004，59（4）：537-600.

［360］刘星，窦炜. 基于控制权私有收益的企业非效率投资行为研究［J］. 中国管理科学，2009，17（5）：156-165.

［361］May D O. Do Managerial Motives Influence Firm Risk Reduction Strategies?［J］. Journal of Finance，1995（50）：7-14.

［362］康华，王鲁平，王娜. 股权集中度、CEO 激励与企业研发投资——来自我国上市公司的证据［J］. 软科学，2011，25（142）：17-21.

［363］Griliches Z，Pakes A，Hall B H. The Value of Ptents as Indicatior of Inventive Activity［D］. NBER Working Papers，1988.

［364］刘国新，李勃. 论企业规模与 R&D 投入相关性［J］. 管理科学学报，2001（8）：7-10.

［365］刘笑霞，李明辉. 企业研发投入的影响因素——基于

我国制造企业调查数据的研究［J］. 科学学与科学技术管理，2009（3）：1-6.

［366］胡永平，何建国. 对重庆上市公司 R&D 支出影响因素的实证研究［J］. 科学学与科学技术管理，2007（4）：9-10.

［367］陈傲. 中国工业行业特征对企业技术创新效率影响的实证分析——兼论企业创新效率提升的市场结构条件［J］. 科学学与科学技术管理，2008（3）：11-12.

［368］许治，师萍. 政府科技投入对企业 R&D 支出影响的实证分析［J］. 研究与发展管理，2005（6）：20-24.

［369］赵付民，苏盛安，邹珊刚. 我国政府科技投入对大中型工业企业 R&D 投入的影响分析［J］. 研究与发展管理，2006（4）：3-6.

［370］丁小义，潘申彪，余红娜. 政府直接资助与浙江省企业 R&D 投入分析［J］. 科学学研究，2007（12）：1-6.

［371］黄鲁成，张红彩，王彤. 我国研发支出的影响因素分析［J］. 研究与发展管理，2005（12）：31-35.

［372］张宗溢，张湄. 关于高新技术企业公司治理与 R&D 投资行为的实证研究［J］. 科学学与科学技术管理，2007（5）：11-12.

后　记

本书是我博士生活的结晶。本书从开始选题到最后完成历时一年有余，期间多次修改，多次完善，致使现在的研究内容与当初的开题报告和中期进展报告已经大相径庭，由此本书得到很大的改进和提升。当然，其中必然还存在不少有待完善和改进的地方，于我却已经尽力，唯有在以后的学习和科研实践中再继续完善并深化本书的研究内容。

在本书的撰写过程中，王鲁平老师给予我很多的帮助和指导，不仅关心我的研究进展，而且还十分关心我的生活状况。王老师为人真诚，心胸坦荡，即使我们在科研上发生很大的分歧，王老师仍会耐心、和蔼地听取我的意见。王老师的谦逊为人和磊落胸怀值得我终身学习。同时，也十分感谢万迪昉老师，感谢万老师对我学习和科研工作的帮助，没有万老师的支持和帮助，就不会有我现在的成果。还要感谢段兴民老师一直以来对我学业的支持和帮助。

同时，也很高兴在博士期间结识的周文光、李树祥、赵欣几位同学（排名不分先后），你们在学习、生活和工作上给予我很多意见和帮助，使我受益良多。很庆幸在人生的一个重要阶段遇到上述几位同学，更珍惜我们在一起度过的苦乐年华，因为我们共同经历过很多很多。在此，需要重点感谢一位朋友，虽然你出现得很晚，但你的出现对我来说意义重大，彻底改变了我的生活，并给予我很多帮助，使我不断加深对自己的认识，也不断改进自我，有你真好！

最后，感谢我的家人。自从16岁离家求学，到现在已经近20年，在此期间，你们都一直默默无闻、毫无怨言地支持我的每一次决策，有家真好！